「ドイツ帝国」の勢力図

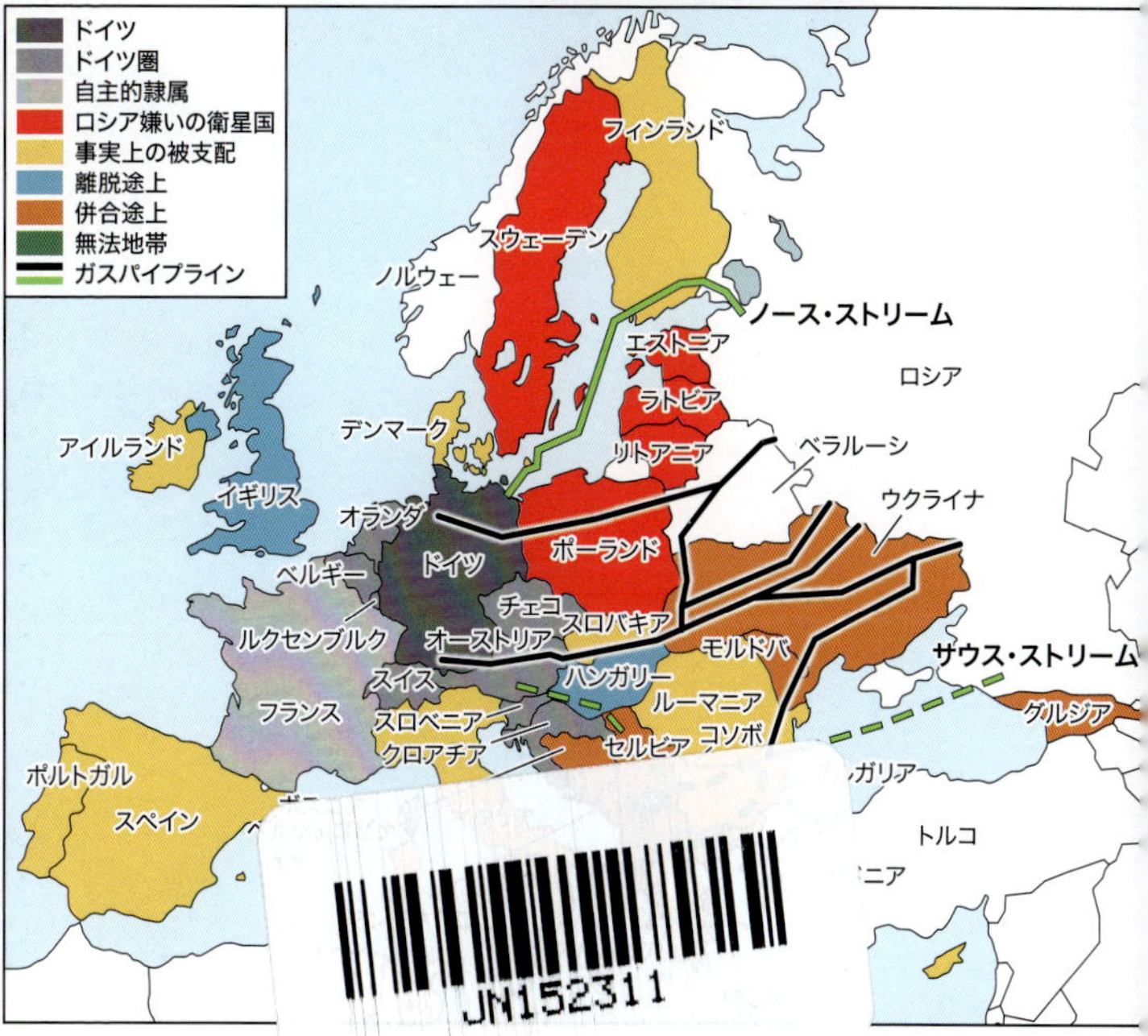

「ドイツ帝国」の誕生

冷戦崩壊によって生まれた「ドイツ帝国」。EUの東方拡大によってドイツは、社会主義政権下で高い水準の教育を受けた良質で安い労働力を活用し、経済を復活させ、ヨーロッパを支配するに至っている。東欧でNATOが安全を確保しているのは、実はドイツの空間。ロシアは、ソ連時代、東欧諸国を支配することによる軍事的なコストを経済的な利益で埋め合わせることができず、かえって弱体化したが、アメリカのおかげで、ドイツにとって、軍事的支配のコストはゼロに近い。

（本文42頁以降参照）

ロシア天然ガス・パイプライン問題

ガスパイプラインの真の問題は、ウクライナを通過していることではない。到着点がドイツにコントロールされていること。「ウクライナ vs. ロシア」よりも、「ドイツ vs. 南欧」の問題だ。

（本文51頁以降参照）

アメリカ vs.「ドイツ帝国」: 人口

(出典 : EU統計局＆Census Bureau)

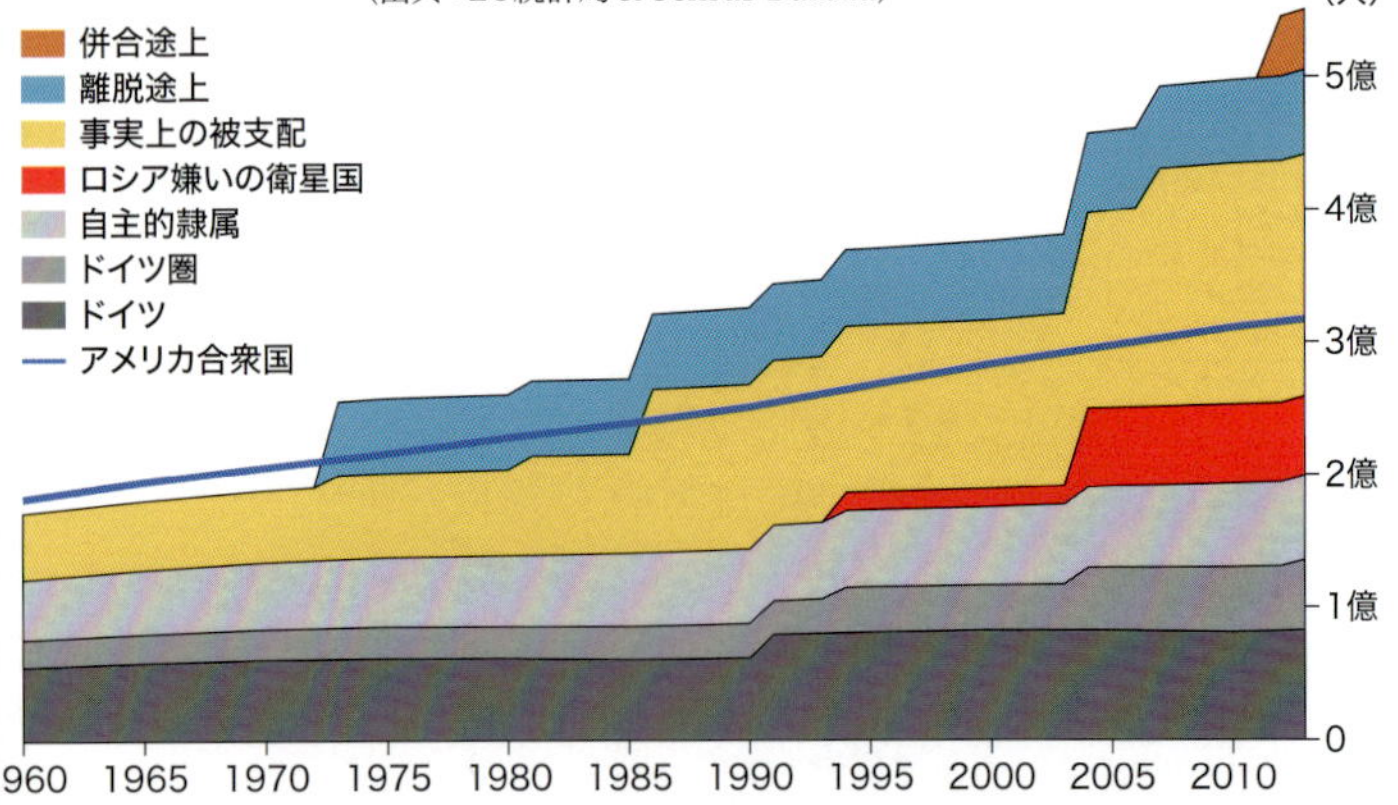

アメリカ vs.「ドイツ帝国」: 実質GDP

(2005年の恒常ユーロと2005年の為替レートにおいて)

(出典 : EU統計局＆BEA)

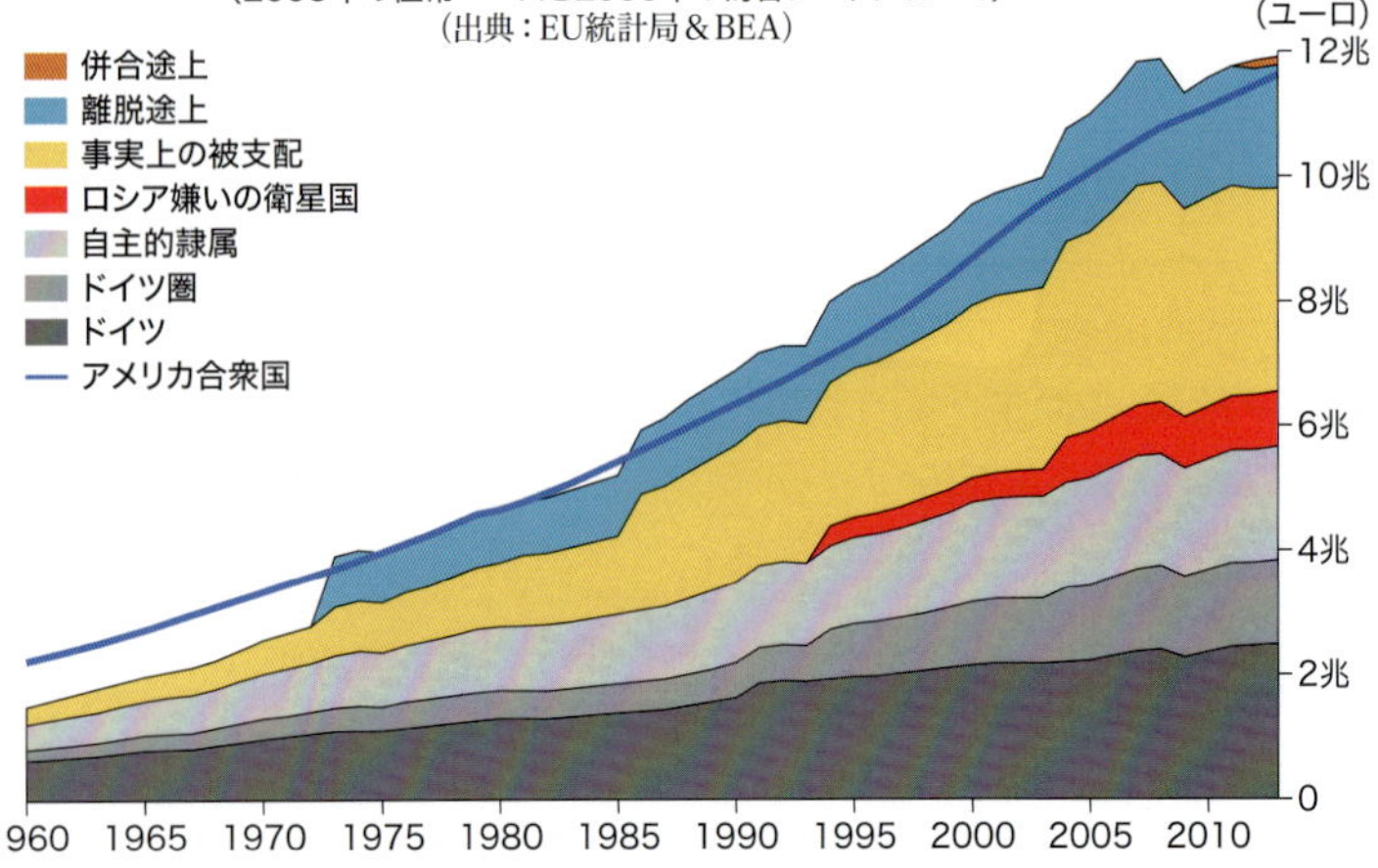

ドイツに支配されたヨーロッパ vs. アメリカ

とくに2005年以降に現れたのは、ドイツ以外の国の産業システムが壊滅し、ドイツだけが得をするという「ドイツ一人勝ちのシステム」だ。ヨーロッパの低賃金ゾーンには産業発展の余地がまだまだ存在する。この不均衡をうまく利用すれば、ドイツはアメリカの産業システムを死に追いやることができる。人口上、アメリカは単独でドイツ支配下にあるヨーロッパに対抗できない。

(本文38頁以降参照)

「ドイツ帝国」が世界を破滅させる

日本人への警告

エマニュエル・トッド
堀茂樹［訳］

文春新書
1024

日本の読者へ

フランスの雑誌やインターネットサイトに掲載されたいくつかのインタビューがこのたび日本語に訳され、一冊の本として出版されることは、私にとって格別のよろこびです。一九九二年以降、公共の討論における発言が私の知的活動の内でひとつの重要な部分を成しています。しかし、実はその一九九二年頃、私は政治的な事象にはすっかり無関心になっていました。

ちょうど、一九九〇年に、構想と執筆に七年の歳月を要した研究書『新ヨーロッパ大全』〔全2巻、石崎晴己・東松秀雄訳、藤原書店、一九九二〜九三年〕を書き上げ、刊行したところでした。ところが、マーストリヒト条約をめぐる当時の論議の中で、単一通貨が歴史的な誤りであることが私には即座に看て取れました。そこで私は自分の見解を表明し始めました。その後年々深刻化して今日ではヨーロッパの全般的危機に到っているものについて、論評を始めたのです。

本書に集められたインタビューはいずれも最近のもので、ヨーロッパの最終的危機の理解へと向かうための一種の導入の体を成しており、フランス民主主義の崩壊、ドイツの覇権の浮上、ロシアとの紛争の激化などを論じています。

収録されているインタビューで、私は意図して論争的な言葉遣いをしています。フランスで私は、テレビスタジオなどでも遠慮なくずけずけとものを言うやつだ、政治家たちについて残酷な冗談を言ってのけるやつだ、ということで知られているのです。

しかしそれは、事柄の表面でしかありません。本当のところをいえば、私は研究者——歴史家・人類学者・人口学者——以外の何者でもなく、公共の討論に割って入るのは、社会の動き方に大きく作用している要素なのに人びとが見落としているような何かをきちんと理解したと思ったとき、特定の政策の前提に含まれている何らかの不可能性や、特定の政治行動の非現実的な性格を確認したときだけです。

私の態度はプラグマティック、実際的です。公の場で発言することが多くても、私は依然として、何らかの倫理観や価値やイデオロギーの名において発言する伝統的なタイプのフランス知識人とは正反対なのです。

私の倫理観はごく普通の倫理観です。討論への私の貢献は専門家的です。発言の調子がときに激越になるのは、じつは研究者だからこそなのです。つまり、私はごく自然に、理性的な節度の範囲内で自分の国を愛しているわけですが、一科学者として、政治家たちがその国に暮らす人びとの内でも最も弱くて脆い立場にいる人びとを無益に苦しめつつ、全体を災厄へと引っ張っていくのを目の当たりにして激しく苛立つことがあるのです。

どんな壮大な思想的プロジェクトにも私は導かれていません。どんな社会が良い社会であるかを述べるとか、望ましい将来を明確に描くとか、そんなことができるとはまったく自負していません。いわば謙虚な防御姿勢で、誇大妄想的・破壊的なイデオロギーに対抗しているだけです。第一、自分から新聞雑誌に意見文の寄稿やコメントの掲載を持ちかけることはけっしてありません。私は質問に答えるという形式に甘んじています。インタビューや会話が、私が恒常的にではなく折に触れて行う政治的討論への貢献のすべてです。

最後に、この本に掲載されたテクストが編集者の西泰志氏によって集められ、堀茂樹氏によって翻訳されたことをとても嬉しく思っています。二人はかなり以前からの友人なのです。

エマニュエル・トッド

「ドイツ帝国」が世界を破滅させる――日本人への警告◎目次

4 ユーロを打ち砕くことができる唯一の国、フランス 2014.6

ヨーロッパはすでに死んでいる
ユーロは機能していない

5 オランドよ、さらば！——銀行に支配されるフランス国家 *2013.5*

6　ドイツとは何か？　*2011.12*　147

「ドイツ嫌い」をめぐる論争
ドイツの特異性とは何か？
フランス人が発明し、ドイツ人が利用したユーロ
単独行動を始めたドイツ
ゲルマン人の家族構造とドイツ経済
ドイツと日本の類似性
ドイツとフランスのちがい
ドイツと日本のちがい
ドイツ文化の二つの危険性
「財政規律の重視」はドイツの病理
フランスがドイツに隷属する背景
独自通貨をもたない国家の悲惨
ピケティの分析が示唆するもの

7 富裕層に仕える国家 *2011.12*

173

「市場」とは「最富裕層」のこと
「一％対九九％」の格差に奉仕する国家
格差拡大は倫理ではなく経済の問題──ピケティ学派の功績
国ごとに異なる形での寡頭支配──左翼が見落としているもの
政府債務は富裕層の集金マシーン
寡頭制（富裕層）は貴族制とは異なる
需要不足を補って破綻したサブプライム・ローン
金持ちたちのケインズ主義
緊縮財政は「間抜け者の保護主義」
ドイツにストップをかけるのがフランスの使命
一九三〇年代の対立が再来!?
政府債務は返済されない──紙幣を増刷するか、デフォルトを宣言するか
政府債務のデフォルトを宣言したらどうなるか？

1　ドイツがヨーロッパ大陸を牛耳る

原　題　L'Allemagne tient le continent européen
聞き手　オリヴィエ・ベリュイエ Olivier Berruyer
初　出　レ・クリーズ〔危機〕www.les-crises.fr
二〇一四年八月

付　記　エマニュエル・トッドのこのインタビューは、二〇一四年八月、ウェブサイト www.les-crises.fr のために行われた。彼がわれわれのウェブサイトを信頼してくれたことに感謝する。この対談をかたちにしてくれたボランティアの諸君にも感謝する。読者が関心をもって読んでくれれば嬉しい。
——オリヴィエ・ベリュイエ（Les-Crises.fr）

自ら進んでドイツに隷属するようになったフランス

スノーデンを保護して西洋における市民の自由を守ったロシア

――エマニュエル・トッドさん、ロシアをめぐる現在の危機をどういう視線で見ていますか？

今日の国際システムはどこか奇妙で、非現実的に思えるよね。何かがうまくいっていない。皆がやっきになってロシアに打ちかかっているのだが、ロシアの人口はわずか一億四五〇〇万人。国として立ち直ったのは確かだけれども、ロシアが世界全体の中で、あるいはヨーロッパに限定した中でも、ふたたび支配的な国家になるとは誰も想像できまい。

ロシアの力は基本的に防衛的なものだ。あの巨大な領土を保全していくだけでも、あれほど限定された人口、ちょうど日本の人口に匹敵する程度の人口では容易なことではない。

ロシアは世界がバランスを保つことに役立つ強国なのさ。核兵器とエネルギー自給のおかげで、あの国はアメリカに対する反対側の重しの役目を果たすことができる。

たとえば、あえてスノーデンを迎え入れることができて、逆説的なことに、結果的には西洋における市民の自由の擁護に貢献している。ヨーロッパと世界を貪り食っていくロシアなどという仮説はバカげているよ。

ロシア脅威論は西洋が病んでいる証

――あなたは学者、言論人としてのキャリアの初めに、ソビエト連邦にすごく注目しましたね。そして、近々崩壊するということまで予言した『最後の転落』、原著一九七六年、石崎晴己・中野茂訳、藤原書店、二〇一三年）。今日ロシアは当時のソ連のレベルの覇権をもはや持っていず、またロシアはソ連よりもはるかに民主主義的であるにも関わらず、当時のソ連よりもずっと悪く扱われています。たとえば一九六八年にソ連がチェコスロバキアに戦車を送って介入したとき、人びとは抗議したけれど、結局のところ数週間もするとヒステリーは収まってしまった。ところが今日、あの時と比較できるようなことは何も起こっていず、クリミア半島に母国ロシアに戻ろうとして民主的な投票をした人びとがいるというだけなのに、状況を見ているとほとんどまるで、住民の意思に反してクリミア半島を力ずくでウクライナにふたたび戻すために戦争をしに行かなければならないかのような、途方もないドラマを見ているかのようです。なぜ扱い方にこんな大きな差があるのでしょう？

その問いへの答えの鍵はロシアにはないね。西洋の側にある。

西洋はたしかに世界で圧倒的に支配的だが、それと裏腹に今日、そのさまざまな部分において不安に駆られ、煩悶し、病んでいる。財政危機、所得の低迷ないし低下、経済格差の拡大、将来展望の不在、そして大陸ヨーロッパにおいては少子化など、いろいろな問題がある。

イデオロギーの側面から見ると、ロシア脅威論はまずスケープゴート探しのように、もっといえば、西側で最小限の一体感を保つために必要な敵のでっち上げのように見える。EUはもともと、ソ連に対抗して生まれた。ロシアというライバルなしでは済まないのだ。

もっとも、ロシアが西洋世界に対して二、三、「価値」の問題を投げかけていることは事実だ。しかし『ル・モンド』紙が繰り出す反プーチンでロシア嫌いの愚言が示唆するところとは逆に、西洋の抱えている問題は、いくつかのロシア的価値のポジティブで有益な性格によって示されている。

ロシアは、「自由主義万能」の道を走る西洋諸国に追随しなかった国だ。あの国では、国家には国家なりの役割があることが再確認されている。ネイションというものについてのある種の観念も同様だ。

ロシアは立ち直り始めている国なのであって、出生率の上昇や乳児死亡率の低下にもそれは表れている。失業率も低い水準にある。

「新冷戦」ではない

もちろんロシア人たちは貧しいし、西ヨーロッパに暮らす者が、社会の自由度のことも含め、ロシアのシステムを羨望することはあり得ない。

けれども今日、ロシア人であることは、強くて安心させてくれるひとつのナショナルな集団に属することであり、心の中でよりよい将来に自己投影する可能性なのだ。どこかへ向かって行くという実感なのだ。今フランスで、誰がこんな実感を持ち得るだろう？

ロシアは今日、期せずして、ロシア自体を超えるポジティブな何かの象徴になりつつある。その意味で、たしかにロシアは脅威であるにちがいない。歴史の中で迷子になっているくせに、西側でわれわれを統治しているふりをし、西洋的価値について語るけれども、ある人――バジル・ド・コッホ〔フランスのユーモア作家、一九五一年生まれ〕だったと思う――の表現を借りれば、本気で認めているのは株価だけというような連中にとってはね。

しかしながら、いま起こっているのは、精神医学的意味において退行的な、そしてアメリカが動因であるような伝統的東西紛争ではもはやない。最近の危機は全面的に、ウクライナへのヨーロッパの介入と関係している。

近年「西側」のメディアはあたかも一九五六年頃、つまり熱くなりかねない冷戦の最中に戻ったかのような様相を呈しているが、その譫言《うわごと》に引きずられず、発生している現象の地理的現実を観察するならば、ごく単純に、紛争が起こっているのは昔からドイツとロシアが衝突してきたゾーンだということに気づく。

非常に早い時期から私が感じたのは、このたびはアメリカが、クリミア半島がロシアに戻ったことで体面を失うのを恐れ、ヨーロッパに追随したということだった。あるいはむしろ、ドイツに追随したというべきかもしれない。なにしろ今やドイツがヨーロッパをコントロールしているのだから。

アメリカと衝突しはじめたドイツ

ドイツから来る信号をキャッチしてみると、それはさまざまで、互いに矛盾している。ときには、ドイツはむしろ平和主義的で、控え目で、協調路線をとっているように感じられる。ときには、それと真逆に、先頭に立ってロシアに対する異議申し立てと対決姿勢を引っ張っているように見える。

この強硬路線が日々力を増してきている。かつて、ドイツ外相のシュタインマイアーはキエフを訪れる際、フランス外相ファビウスやポーランド外相シコルスキーと一緒に行ったものだ。ところが、メルケルは今や単独で、新たな保護領ともいえるウクライナを訪問する。

ドイツが突出してきたのはこの対立においてだけではない。ここ六カ月間、最近の数週間も含めてのことだが、ウクライナの平原でロシアを相手にすでに潜在的紛争状態に入っているというのに、メルケルはヨーロッパ委員会の委員長に、元ルクセンブルク首相のジャン＝クロード・ユンケルを据えた。ちょっと信じがたい無作法さをもって、強い反対の意思を明らかにしていたキャメロンのイギリスを屈辱的な目に遭わせたのだ。

さらに途方もないことに、アメリカによるスパイ行為の問題を使って、アメリカにもぶつかり始めた。冷戦時代以来のアメリカとドイツの諜報活動の複雑な絡み合いを知っている者にとっては、まったく信じがたい。

第一、今日明らかなこととして、ドイツの連邦情報局（ＢＮＤ）はごく普通のこととして、アメリカの政治をスパイしているのだからね。

顰蹙を買うのを承知であえて言うけれど、東方でのドイツの政治行動に曖昧なところがある以上、ドイツの政治責任者らをＣＩＡがモニタリングすることに私は大賛成だ。フランスの諜報局もちゃんと任務を果たし、国際的な面でますます積極的かつ冒険的になってきているドイツの監視に参加してほしい。

ともあれ、ドイツが反米的にアグレッシブな態度を取るのは新しい現象だ。しっかり考慮しないといけない。ドイツのやり方には凄みがある。ドイツの政治家たちがアメリカ人について語るのを近くで聞いたことがあるが、その様子には深い侮蔑が表れていた。ライン川の向こう側にはかなりの厚みを持った反米感情の蓄積がある。

私がそれを推し量る機会を得たのは、自分の本『帝国以後』〔石崎晴己訳、藤原書店、二〇〇三年〕のドイツ語訳が出た折りだった。思うに、アンチ・アメリカの定番本のように読まれることの多かったあの本の翻訳のドイツでの例外的なまでの売れ行き〔約二〇万部売れたという〕の背景には、それがあったと思う。

すでにかなり前から、ドイツ政府は経済運営に関するアメリカの諫言を意に介さぬ態度をとっている。世界の需要のバランスに貢献せよだと？　それから他にどうしろというのだ？　ドイツにはドイツのプロジェクトがあるのだ。福利よりもパワーを優先する、ドイツにおける需要を抑制する、債務を負っている南欧諸国を隷属させる、東ヨーロッパの人間を働かせる、フランスの銀行システムに多少の餌を与えてフランス大統領府をコントロールさせる、等々。

ヨーロッパの支配権を手にしたドイツ

最初のうち、クリミア奪取のとき、私が感じ取ったのはロシアの国力回復だった。ロシアが、他国が無礼な扱いをすることをもはや許すまいとする国に、さまざまなことを自ら決定する力のある国に戻ったということだった。

今では、ロシアが基本的に安定化——もっぱら安定化——の過程にある国であることを確認する。たとえ人びとがあの国のことを大きな恐い狼だと吹聴するとしても。

擡頭してきた正真正銘の強国、それはロシアである前にドイツだ。ドイツが擡頭してきたプロセスは驚異的だ。東西再統一の頃の経済的困難を克服し、そしてここ五年間でヨーロッパ大陸のコントロール権を握った。

こうした推移の全体を解釈し直すべきである。金融危機のときに証明されたのはドイツの堅固さだけではない。あれでもって、ドイツには債務危機を利用してヨーロッパ大陸全体を牛耳る能力があることも明らかになった。

もし人びとが冷戦時代の古風なレトリックから自由になれば、自由主義的デモクラシーとその諸価値というイデオロギー的な赤子のおもちゃを打ち振ることをやめるならば、ヨーロッパ統合優先主義者の陳腐な決まり文句に耳を傾けるのをやめて、現在進行中の歴史的シークエンスをずばりと、そしてほとんど子供のような目で直視すれば、要するに、王様は裸だということを看て取ることを受け入れるならば、次のことを確認するにちがいない。

①ここ五年の間に、ドイツが経済的な、また政治的な面で、ヨーロッパ大陸のコントロール権を握った。

②その五年を経た今、ヨーロッパはすでにロシアと潜在的戦争状態に入っている。

この単純な現象が二重の否認、つまり現実を現実として認めない態度によって見えにくくなっている。これから述べる二つの国のあり方がかんぬきのような機能を果たして障害物となり、実際に何が起こっているのかを人びとが理解しないのである。

オランドは「ドイツ副首相」

まずフランスだ。

この国は自ら進んでドイツに隷属するようになったという事実を相変わらず認めない。これは必然的なことだといわなくちゃならない。なにしろ、いま言ったことを認めるには、フランスはまずドイツが擡頭したという事実と、フランスがドイツを制御できるレベルにないという事実とを完全に認めなければならないのだから。

第二次世界大戦の地政学的教訓があるとすれば、それはまさに、フランスがドイツを制御し得ないということである。ドイツが持つ組織力と経済的規律の途轍もない質の高さを、そしてそれにも劣らないくらいに途轍もない政治的非合理性のポテンシャルがドイツには潜んでいることを、われわれは認めなければならない。

ドイツという現実をフランス側が認めようとしていないことは明白だ。すでにしばらく前から、私はフランソワ・オランドのことを「ドイツ副首相オランド」と呼んでいる。さらに今後は、むしろ単に「ドイツ首相府広報局長」と見なしてもいいくらいだ。彼はもはや何者でもない。すでに例外的な不人気のレベルに沈んでいる。その不人気は、部分的にはドイツへの隷属に起因している。フランソワ・オランドはフランス人たちから軽蔑されている。なぜならドイツに服従する男だから。

より一般的に、フランスのエスタブリッシュメントたちは、ジャーナリズムに属しているにせよ、政界の一員であるにせよ、こうした否認のプロセスに参加している。

ウクライナ問題の原因はロシアではなくドイツ

ドイツの強さの源泉

――「フランスは結局ドイツを制御できない」とあなたは言うのですね。では、これはもう手の施しようがないのでしょうか、それとも、他のどこかの国がドイツを制御すべきなのでしょうか？

そう、他の国がドイツを制御しなくてはいけない。前回、その任務を担ったのはアメリカとロシアだった。

「ドイツというシステム」は驚異的なエネルギーを生み出し得るのだということを認める必要がある。歴史家として、また人類学者として、私は同じことを日本についても、スウェーデンについても、あるいはまたユダヤやバスク地方やカタロニア地方の社会文化についても言うことができる。好むと好まざるとにかかわらず認めるほかない事実として、ある種の文化はそんなふうなのだ。フランスの長所はまた別のものだ。

フランスは平等や自由の理念、世界を魅了する生活スタイルを生み出したし、知的、芸術的な面で先進国でありつつ、今では隣国よりも出生率の高い国になっている。もし現実に判定を下さなければならないならば、結局のところフランスは人生というものについて、よりバランスがとれていて満足のいくビジョンを持っていると、たぶん認めるべきなのだ。

しかし、ここで問題なのは形而上学でもモラルでもない。われわれは国際的な力関係の話をしている。もしある国が工業と戦争に特化したら、それをきちんと考慮し、そしてどのようにしたらその経済的・技術的な特化とパワーの突出をコントロールできるのかを検討しなくてはならない。

アメリカによるヨーロッパ制御の鍵はドイツ

――ところで、先ほどの否認の二つ目の国は？

それはアメリカだ。

アメリカによる否認が表現されたのは、ドイツの擡頭の最初の段階、すなわち二〇〇三年のイラク戦争のとき、シュレーダー、シラク、プーチンが連携したときだ。

アメリカの戦略家のうちには次のようにいう者がいたよ。「フランスを罰し、ドイツ〔がしたこと〕は忘れ、ロシアは勘弁してやるべきだ」（Punish France, forget Germany, forgive Russia.）と。

なぜそうなのか？　なぜなら一九四五年の勝利の遺産、アメリカによるヨーロッパの制御の鍵、それはドイツをコントロールすることだからだ。二〇〇三年からのドイツの擡頭を確認すること、それはアメリカ帝国の崩壊の始めを確認することだった。

そこでもって、不快な現実を直視しないダチョウ戦略が表に出てきて、石灰化して固着し、今日アメリカ人の目を覆って、ドイツの擡頭について正しい見方をすることを妨げているように思える。彼らにとってドイツの擡頭は新しい脅威であって、私にいわせれば、アメリカという帝国の保全にとって、所詮帝国の外にいるロシアよりも最終的にははるかに危険なのだが。

ドイツ外交は不安定――歴史の教訓

ドイツは現下の国際的危機において複合的でアンビヴァレントだが、それでも推進力となる役割を演じている。しばしばドイツというネイションは平和的に見える。が、それでいて、ドイツにコントロールされているヨーロッパは攻撃的に見える。あるいはその逆もある。ドイツには今や二つの顔があるわけだ。ヨーロッパがドイツであると同時に、ドイツがヨーロッパなのである。

したがってドイツは幾つかの声で自己を主張・表現することができる。ドイツの外政を歴史的に特徴づける精神的不安定と、ロシアとの関係における精神分析的な意味での二極性を知る者にとって、これはかなり心配なことだ。

目下私は容赦のない語り方をしていると自覚しているけれども、今、ヨーロッパはロシアとの戦争の瀬戸際にいるのであって、われわれはもはや礼儀正しく穏やかでいるだけの時間に恵まれていない。言語と文化とアイデンティティにおいてロシア系である人びとがウクライナ東部で攻撃されており、その攻撃はEUの是認と支持と、そしてすでにおそらくは武器でもって実行されている。

ロシアは自国が事実上ドイツとの戦争状態にあることを知っていると思う。その点についてのあの国の沈黙は、フランスやアメリカの場合と違って現実を直視することの拒否ではない。むしろよき外交というものだ。彼らには時間が必要なのだ。彼らの自己コントロール、プーチンや外相のラヴロフならプロフェッショナリズムと言うだろうが、あれは称讃に値する。

アメリカ帝国の凋落

今日まで、この危機におけるアメリカの戦略はドイツに追随することだった。そうしていれば、アメリカはもはやヨーロッパの状況をコントロールしていない、ということが露見しないからだ。

こんな体たらくのアメリカ、配下の国々がそれぞれの地域でおこなう冒険的行動をもはやコントロールできず、むしろ是認しなければならない立場のこのアメリカは、それ自体として一つの問題となっている。

イラクにおける地政学的問題の筆頭であったこのアメリカはすでに、サウジアラビアから財政的協力を得ているジハード勢力に対抗するために、年来の戦略的敵国であるイランと協力することを余儀なくされている。サウジアラビアはドイツと同様にアメリカの主要な同盟国という地位にあるので、その裏切りはおおっぴらに確認されるわけにはいかない……。

アジアでは韓国が日本に対する恨み辛みのゆえに、アメリカの戦略的ライバルである中国と裏で共謀し始めている。

いたるところで、つまりヨーロッパにおいてだけでなく世界中で、アメリカのシステムにひびが入り、割れ目ができ、あるいはそれにも増して悪いことが起こっている。

アメリカ vs.「ドイツ帝国」

ヨーロッパにおけるドイツの力とヘゲモニーはしたがって、一つの動的な展望の中で分析されるに値する。現在生まれつつある世界状況の中で自らを方向づけるためには、探究し、投影し、予見しなくてはならない。

この世界を戦略的現実主義学派、たとえばヘンリー・キシンジャーの一派がしているように見ることを受け入れなくてはならない。つまり、政治的な価値観の問題を持ち出すことなしに、各国間の諸システムの間の純然たる力関係を見るということだ。

そのような観点からじっくり考えるときに確認できるのは、ロシアが未来の問題ではないということだ。また、中国が軍事的パワーという観点から見て、未ださほど大きな存在ではないということだ。

グローバル化されたわれわれの経済世界の中で、二つの大きなシステムの真正面対立の出現を予感することができる。すなわち、一つの大陸にも匹敵するアメリカというネイションと、新たに出現してきたドイツ帝国の対立である。経済的・政治的帝国である後者を、人びとは今なお慣習的に「ヨーロッパ」と呼んでいるのであるけれども。この二つの大きなシステムの間の潜在的力関係を評価してみるのは興味深いことだ。

ロシア崩壊こそアメリカにとっての脅威

ウクライナ危機がどのように決着するかは分かっていない。しかし、ウクライナ危機以後に身を置いてみる努力が必要だ。最も興味深いのは「西側」の勝利が生みだすものを想像してみることである。そうすると、われわれは驚くべき事態に立ち到る。

もしロシアが崩れたら、あるいは譲歩をしただけでも、ウクライナまで拡がるドイツシステムとアメリカとの間の人口と産業の上での力の不均衡が拡大して、おそらく西洋世界の重心の大きな変更に、そしてアメリカシステムの崩壊に行き着くだろう。アメリカが最も恐れなければいけないのは今日、ロシアの崩壊なのである。

ところが今日の状況の特徴の一つは、当事者たちが然るべき能力を欠き、自らの行動についていちじるしく自覚不足だということなのだ。

私はここで、オバマのことだけを言っているのではない。彼はヨーロッパのことが何も分かっていない。ハワイ生まれで、インドネシアで育った人物だし、彼の目に存在しているのは太平洋圏だけだ。

愚かなブレジンスキー——ロシア嫌いでドイツの脅威を見誤る

注目すべきことに、「ヨーロッパ流」の伝統を身にまとっている古典的なアメリカの地政学者たちもまた、状況について行けていない。

私がここで考えているのは特にズビグネフ・ブレジンスキーのことである。いまや高齢だが、アメリカによるユーラシア大陸支配の理論家として筆頭の彼だ。彼はロシアのことで頭がいっぱいでドイツの擡頭を見落とした。

彼が見落としたのは、アメリカの軍事力がNATOをバルト海諸国やポーランドや、かつての共産圏諸国にまで拡大することにより、ドイツにまるまる一つの帝国を用意したということだ。その「ドイツ帝国」は最初のうちもっぱら経済的だったが、今日ではすでに政治的なものになっている。ドイツはもう一つの世界的な輸出大国である中国と意思を通じ合わせ始めている。

果たしてワシントンの連中は憶えているだろうか。一九三〇年代のドイツが長い間、中国との同盟か日本との同盟かで迷い、ヒトラーは蔣介石に軍備を与えて彼の軍隊を育成し始めたことがあったということを。NATOの東ヨーロッパへの拡大は結局ブレジンスキーの悪夢のバージョンBを実現する可能性がある。つまり、アメリカに依存しない形でのユーラシア大陸の再統一である。

図表1　アメリカvs.「ドイツ帝国」：人口

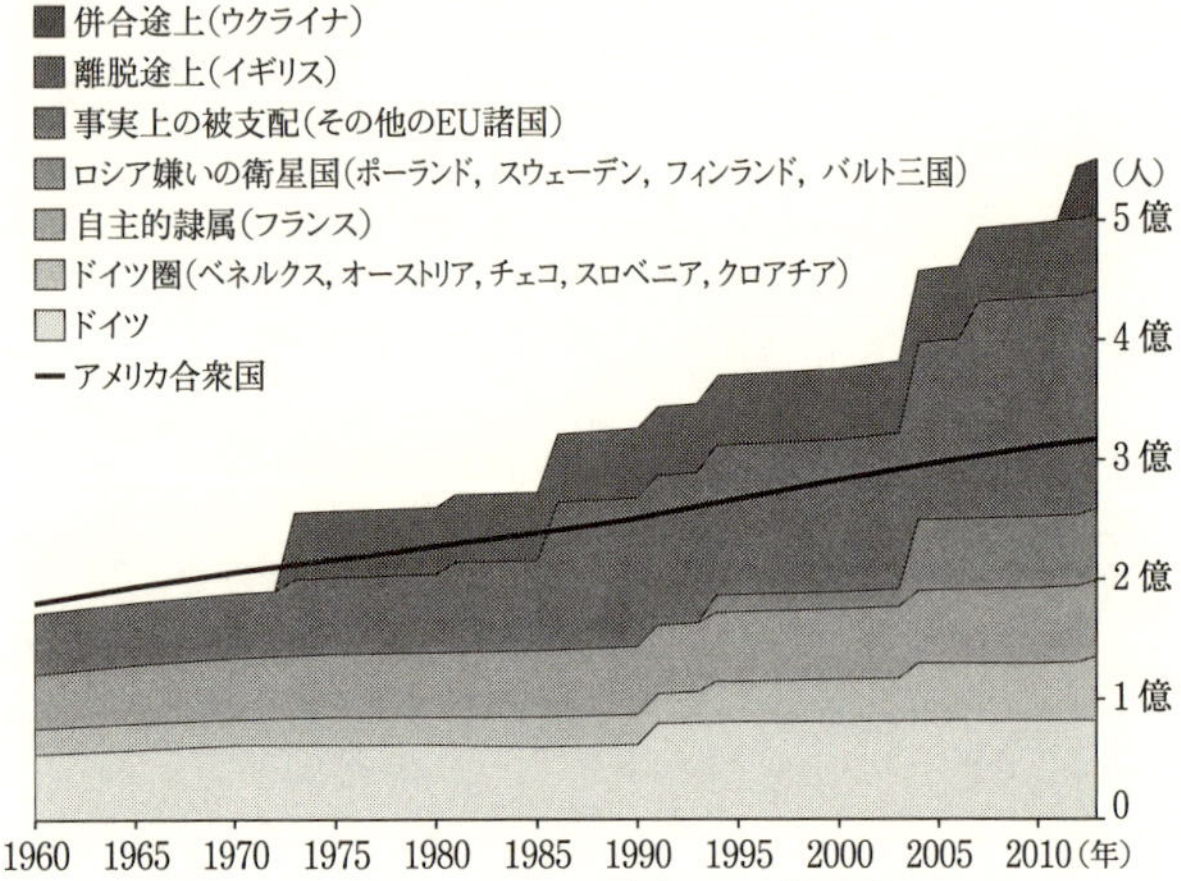

出典：EU統計局＆Census Bureau

ポーランド出身であるだけに、ブレジンスキーはロシアにコントロールされるユーラシアを恐れていた。彼はロシアへの憎しみに駆られるあまり、ドイツの栄光を確実にした愚かしいポーランド人の一人として世界史に名を残すことになりかねない。

東欧支配で衰退したソ連、復活したドイツ

——では、次の一連のグラフを分析してください。いずれもアメリカとドイツ中心になったヨーロッパを比較していますね（**図表1〜4**参照）。

これらの図表が示しているもの、それは

図表2　アメリカ vs.「ドイツ帝国」：実質 GDP
(2005年の恒常ユーロと2005年の為替レートにおいて)

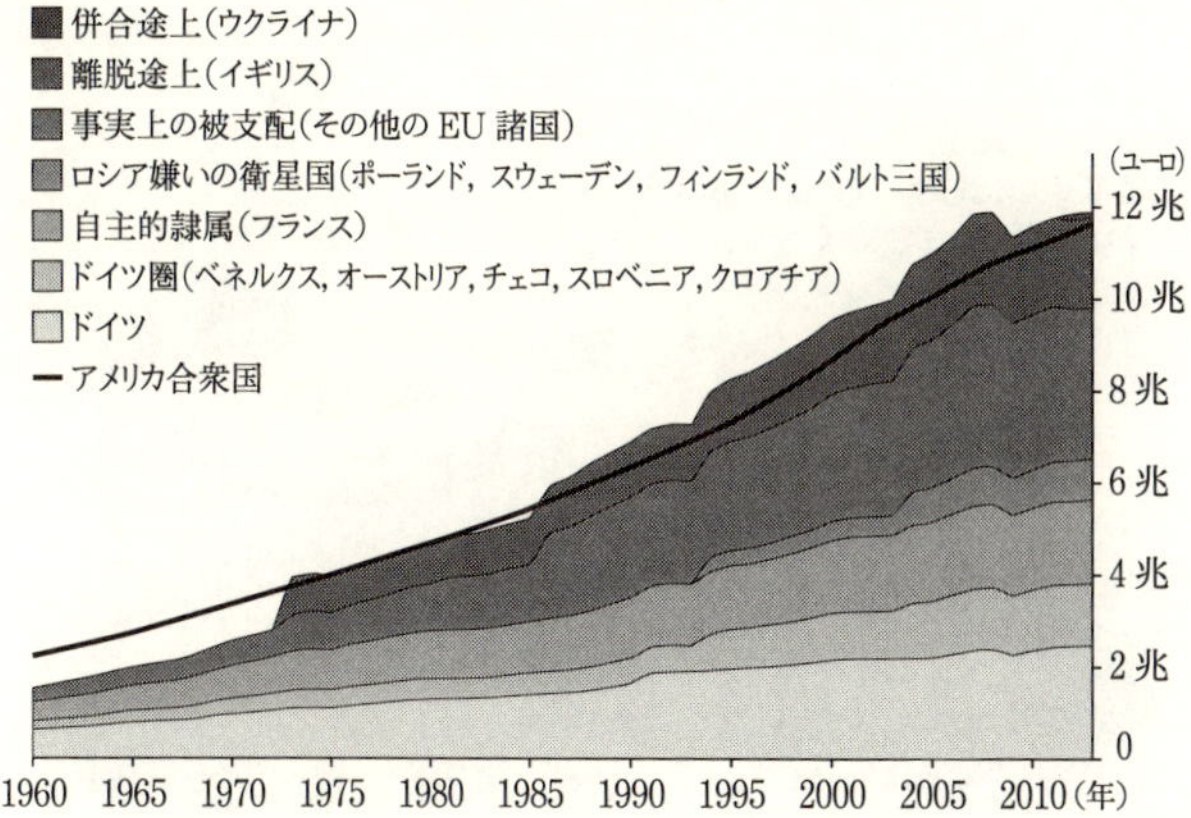

出典：EU 統計局＆BEA

ヨーロッパの産業上の潜在的優位である。なるほどドイツ中心のヨーロッパは非同質的で、脆弱性を内包しており、潜在的に不安定だ。しかしながら、住民の序列化メカニズムが現在進行中で、それが整合的で、且つときに効率的な支配構造を固定化し始めている。

最近のドイツのパワーは、かつて共産主義だった国々の住民を資本主義の中の労働力とすることによって形成された。これはおそらくドイツ人自身も十分に自覚していないことで、その点に、もしかすると彼らの真の脆さがあるのかもしれない。

つまり、ドイツ経済のダイナミズムは単にドイツのものではないということだ。ラ

図表3　アメリカ vs.「ドイツ帝国」：産業付加価値
（2005年の恒常ユーロと2005年の為替レートにおいて）

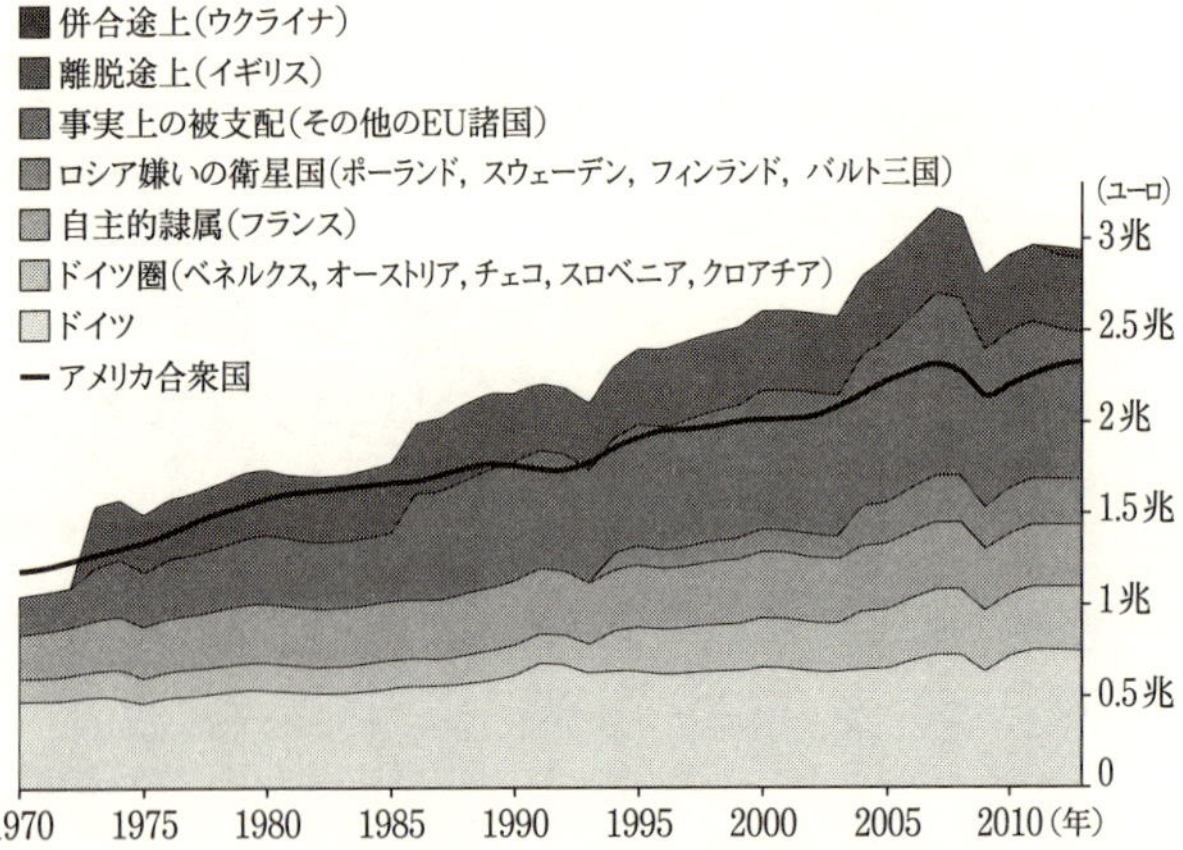

出典：世界銀行、EU統計局＆BEA

イン川の向うの我らが隣人たちの成功は、部分的に、かつての共産圏諸国がたいへん教育熱心だったという事実に由来している。共産圏諸国が崩壊後に残したのは、時代遅れになった産業システムだけではなく、教育レベルの高い住民たちでもあったのだ。

　戦前のヨーロッパにおけるポーランドの教育状況と、それよりはるかに良好な今日のそれを比べると、ポーランドが現在の経済的な好調さの一部を共産主義に負っていること、さらにはおそらく、皮肉きわまりないことにロシアに負っていることを認めざるを得まい。われわれは将来、ドイツ的な管理

図表4　ヨーロッパにおける1人当たりの実質GDP（1960～2013年）
（2005年の恒常ユーロと2005年の為替レートにおけるGDP）

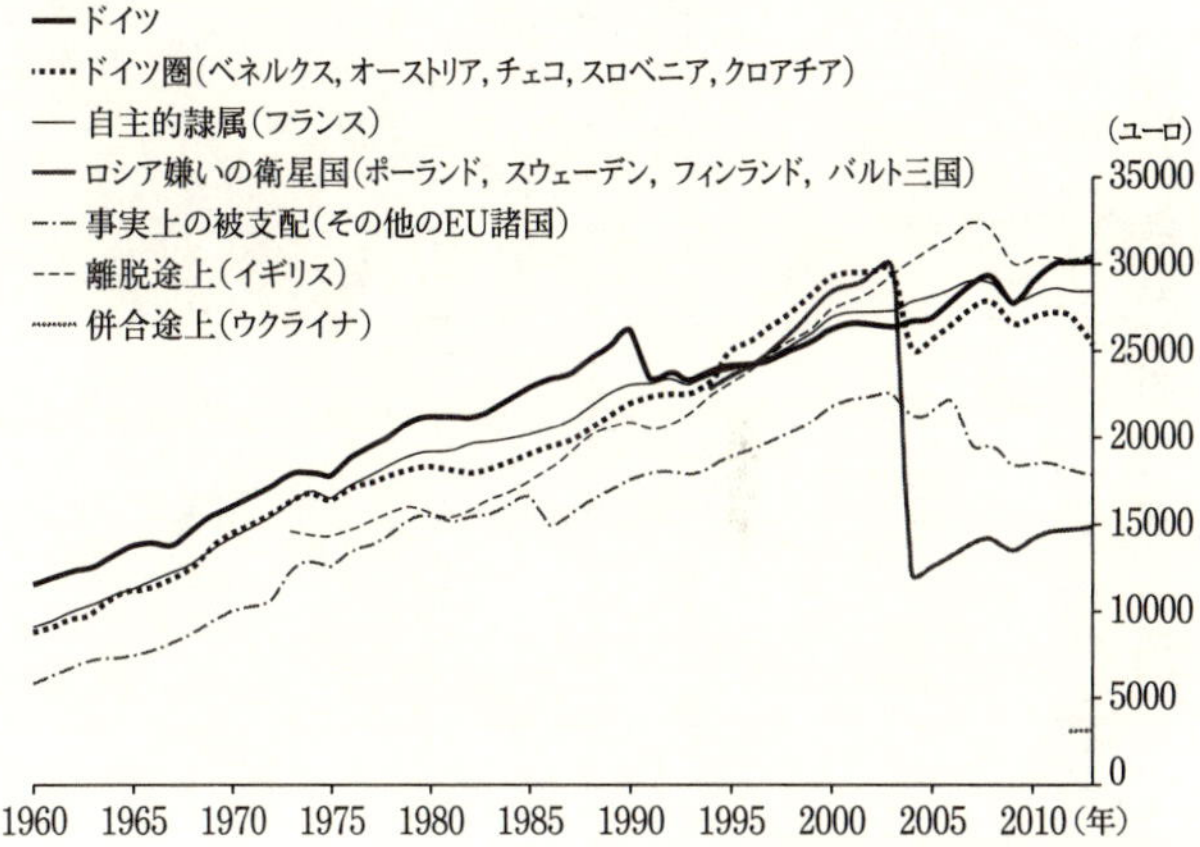

出典：世界銀行＆EU統計局

がポーランドをどのような状態にするかを見る機会があるだろう。

いずれにせよ、ドイツはロシアに取って代わって東ヨーロッパを支配する国となったのであり、そのことから力を得るのに成功した。

ロシアはかつて、人民民主主義諸国を支配することによって却って弱体化したのであった。軍事的なコストを経済的な利益によって埋め合わせることができなかったからだ。アメリカのおかげで、ドイツにとって、軍事的支配のコストはゼロに近い。

ドイツがヨーロッパ大陸を牛耳る

地図が示す「ドイツ圏」という領域

——この地図（**口絵**参照）はあなたが見るところのドイツ帝国の現状ですね。ドイツが中心にあり、さまざまな衛星国や（あなたがうまく言ってのけている）自主的隷属状態の国が、まわりに位置している。あなたの観点から見て、この地図は何を表しているのですか？

この地図が助けになって、ヨーロッパの性質が変わったことが意識されるといいなと思う。この地図は現在のみならず、かなり近い将来の可能性も表している。

EUが提示する一般的な地図は各国の平等性を示そうとした地図であって、もはや現実を語っていない。それに対してこの地図は、いわば、ヨーロッパの新たな現実を可視化する初めての試みだ。ドイツの中心的性格を確認し、ドイツがどのようにヨーロッパ大陸を掌握しているかを意識化するのに役立つ。

この地図が言おうとする第一の事柄、それはドイツ自体よりも大きな非公式の空間、「ドイツ圏」が存在するということだね。そのドイツ圏は、ドイツに対する経済的依存度がほとんど絶対的といえるほどのレベルにある国々で構成されている。

フランスの協力によって完成した「ドイツ圏」

——およそ一億三〇〇〇万人の住民のゾーンですね。

そうだね。しかしこの空間はドイツの影響力にだけ依存しているわけではない。ドイツは、フランスの協力なしにはけっして大陸の支配権を握ることはできなかっただろうと思う。それが、この地図の示すもう一つの要素だ。

フランスとフランスの経済システムの自主的隷属、そしてフランスのエリートたちがおそらく彼らにとって——しかしフランスの民衆にとってではない——ユーロという金ピカの監獄を受け入れたという事実。フランスの銀行は、この金ピカの監獄の中でなんとか生き延びている。フランスは六五〇〇万人の住民をドイツ圏に付け加える。ドイツ圏に、大陸のスケールの中でひとつの限界を越える人口の塊を提供しているわけだ。

――ほとんど二億人の規模……。

ということは、われわれはすでにロシアや日本の規模を越えているということだね。

「被支配地域」――南欧

この地図の黒とグレーの塊がドイツのパワーの中心を表している。この塊が、ヨーロッパ全体のシステムの中で被支配地域となった南ヨーロッパを従属した立場に置き、抑え込んでいる。

ドイツはイタリアで、ギリシャで、またたぶん南ヨーロッパ全域で、ドイツが押し付ける財政規律のゆえにひどく嫌われている。しかし、それらの国々は何もできない。なぜなら、ドイツがその隣接空間とフランスを伴って、いっさいを支配する能力を有しているからだ。支配されている国々は、この地図では黄色で示されている。

「ロシア嫌いの衛星国」――ポーランド、スウェーデン、バルト三国

もう一つ別の特定のカテゴリーを赤色で示す。私が「ロシア嫌いの衛星国」と呼ぶ国々だ。

逆説的なことに、これらの国々は一定レベルの自由を享受している。ドイツ主権下の空間に所在するのだけれども、私はこれらの国を隷属的立場とは見なさない。というのは、これらの国々自体が現実にこのポジションを切望しており、とりわけ反ロシアの情念に取り憑かれているからだ。

見てみたまえ。フランスにはもはや夢がない。フランス社会党と国民運動連合（UMP）と高級官僚の代表たる会計検査官たちの指導の下で、フランスが希求していることといえば、服従すること、模倣すること、そしてタイムカードを押すことくらいなのだ。

それに対して、ポーランドやスウェーデンやバルト三国には夢がある。ロシアを破滅させるという夢さ。ドイツ支配圏に進んで参加することでその夢を信じることができるのだ。

それにしても、より深いレベルの考察として、ふたたび右翼化したスウェーデンが一九一四年以前のあの国、すなわち親ドイツ的な国に完全に立ち戻りつつあるのかもしれないと私は考えている。

ロシア嫌いの衛星国群は特別なカテゴリーにまとめられるべきだ。というのは、その諸国はドイツが悪い方向へ走るのを助けかねない力の一部を成すからである。

話をちょっとフランスのエリートたちに戻すと、彼らはすでにドイツを神格化し、ドイツ批判を拒否することで、ドイツが悪い方向へ向かうのを助けた。フランスの屈従は未来の歴史家たちの目には、ドイツに将来訪れる精神的アンバランスへの根本的に重要な貢献と映るだろう。

スウェーデンやポーランドやバルト三国の場合は、それとはまた異なる話だ。これらの国々の場合は、あからさまに、そしてダイレクトに、ドイツを粗暴な国際関係へと導いていくかどうかが問題となる。

イギリスに近いデンマーク、ロシアに近いフィンランド

私はフィンランドとデンマークをこのカテゴリーには入れなかった。

スウェーデンとは逆に、デンマークは気質において真正のリベラルだ。デンマークが持つイギリスとの絆は、人口の大半が典型的なスカンジナビア風バイリンガルという事実を超えている。デンマークは西の方に目を向けており、ロシアのことをさほど気に病んでいない。

フィンランドはというと、ソ連と共に生きることを学んだ国であり、ロシア人と理解し合う可能性をなんとしても疑おうとするような理由を持っていない。

たしかにフィンランドはロシアと戦争状態にあったことがある。一八〇九年から一九一七年の間、ロシア皇帝の帝国に所属したが、それは一つの大公国という形であって、そのおかげで事実としてはスウェーデンの支配から逃れていることができたのである。

フィンランド人たちにとって、自分たちの国を植民地化しかねない強国は実はスウェーデンなのだ。だから彼らが本当にスウェーデンのリーダーシップのもとに戻りたいと思っているのかどうかを私は疑う。

地図の上では、フィンランドとデンマークは南欧諸国と同様に支配されているということになる。バカげていると思うかい？　フィンランド経済はすでにロシアに対するヨーロッパの攻撃性の代償を支払っている。また、デンマークはイギリスが離脱していくことで困難な状況に置かれるだろう。

「離脱途上」――イギリス

次はイギリスだ。私はイギリスを「離脱途上」というように描写した。なぜならばイギリス人たちは、彼らにとってぞっとするものである大陸ヨーロッパのシステムに加入することはできない。

彼らはある種のフランス人たちと違い、ドイツ人に従う習慣を持っていないのだ。それだけでなく彼らは、ドイツ的ヨーロッパよりはるかにエキサイティングで、老齢化の程度もより低く、より権威主義的ではないもう一つの別の世界である「英語圏」、つまりアメリカやカナダや旧イギリス植民地の世界に属している。

私はある折りに、彼らのジレンマに共感すると述べた。貿易上は格別に重要であるが、メンタル的にはどうしても和解できないタイプのヨーロッパを前にして、イギリス人であることはどれほど居心地の悪いものであるかを語ったのだ。

ドイツ覇権よりアメリカ覇権の方がマシ

――いつか彼らはEUから去ると思いますか？

もちろん！　イギリス人はより強いわけでも、より優れているわけでもない。けれども、彼らは背後にアメリカ合衆国を持っている。

早い話、自分のことを言わせてもらえば、自分の属するネイションの自律性の消滅に直面している一フランス人として、もしドイツの覇権かアメリカの覇権か、どちらかを選べといわれたら、私は躊躇なくアメリカの覇権を選ぶよ。私にしてそうなのだから、イギリス人の場合、どっちを選ぶかなんて分かりきっている。

「離脱途上」――ハンガリー

私はハンガリーを、離脱の試みという点でイギリスと同じように見なした。ヴィクトール・オルバーン首相はヨーロッパで評判が悪い。一般に言われているところによれば、権威主義的で右翼強硬派であるらしい。そうなのかもしれない。

しかし、何よりもまず、ドイツのプレッシャーに抵抗するというのが彼の評判の悪い理由だ。なぜハンガリーが反ロシアでないのか、ハンガリーは一九五六年にソ連の激しい弾圧を受けたのに、と訝しく思えるかもしれない。しばしば起こることだが、「〜にもかかわらず」がたぶん「〜ゆえに」に取って代わられたのにちがいない。一九五六年、ハンガリーだけがソ連の圧力に正面から向かい合ったのだ。

ポーランドやチェコ――この両国の人びとは当時、ほんの少ししか、あるいはまったく動かなかった――に比べて、ハンガリーはロシア人の支配の下での自らの歴史を誇ることができる。つまり、ハンガリー人たちは赦すことができるのだ。

一九七〇年代にハンガリーで流通したある大胆な冗談が、東ヨーロッパ内の差異を理解するのを助けてくれる。すなわち、「一九五六年にハンガリー人はポーランド人のように行動した。ポーランド人はチェコ人のように行動した。チェコ人は豚のように行動した」。

「併合途上」――ウクライナ

ウクライナを私は「併合途上」と見なした。ウクライナは当面、お誂え向きのヨーロッパ統合優先主義的な併合とは見えない。むしろ国家的にも産業的にも崩壊しているゾーンの併合だ。その崩壊は、今後さらにEUとの自由貿易協定によって加速するだろう。とはいえ、非常にコストが安い労働人口の併合でもある。

ところで、新しいドイツシステムは基本的に労働人口の吸収によって成り立つ。最初の段階で使われたのは、ポーランド、チェコ、ハンガリー等の労働人口だった。ドイツはコストの安い彼らの労働を用いて自らの産業システムを再編した。

四五〇〇万人の住民を有するウクライナの労働人口は、ソ連時代からの遺産である教育水準の高さと相俟って、ドイツにとって例外的な獲得物となるだろう。これはとりもなおさず、今後非常に長きにわたってドイツが支配的な地位を保つという可能性、そして特に、支配下の帝国を伴うことによって今すぐにもアメリカを上回る実質的経済大国になるという可能性にほかならない。哀れなブレジンスキー！　彼の見込みは外れる。

ガスパイプライン問題——争点は「ロシアvs.ウクライナ」でなく「ドイツvs.南欧」

——では、エネルギー問題のレベルではいかがですか？

この地図（**口絵参照**）に主要なガスパイプラインが示されているのは、ひとつの神話を覆すためだ。ガスパイプライン「サウス・ストリーム」の建設によって、ロシアがエネルギー関係をウクライナによって支配されるのから逃れようとしているという神話があるね。

存在するガスパイプラインのすべてのルートを見てほしい。ウクライナを通っていることだけが共通点ではないよね。ドイツに通じているということも共通点だ。したがって、ロシアにとっての本当の問題は実は、ウクライナだけではなく、ガスパイプラインの到着点がドイツにコントロールされているということなのだ。そしてそれは同時に、南ヨーロッパ諸国の問題でもある。

ヨーロッパがロシアの熊とだけの間に問題を抱えているひとつの平等なシステムであるかのように素朴に捉えるのをやめるならば、ガスパイプライン「サウス・ストリーム」が建設されないことがドイツの利益でもあるということが分かる。それが建設されると、ドイツが支配しているヨーロッパの大部分のエネルギー供給が、ドイツのコントロールから外れてしまうだろう。

「サウス・ストリーム」の戦略的な争点はしたがって、単に東と西の間の、ウクライナとロシアの間の争点ではない。それはドイツと、ドイツに支配されている南ヨーロッパの間の争点でもある。

ヨーロッパという階層システム

しかし、もう一度言っておきたい。この地図は最終的な地図ではない。この地図の目的は、ヨーロッパの現実に即したとっかかりのイメージをざっと思い浮かべ、今日のヨーロッパが不平等な諸国家のシステムになりつつあるという現実を覆い隠すニュートラルな地図のイデオロギーから脱却することにある。不平等な諸国家のシステムは一つの階層秩序であって、その中には、苛酷な支配を受けている国々、攻撃的な国々、支配的な一つの国、そしてヨーロッパ大陸の恥そのものである一つの国、すなわちわれわれの国、フランスが含まれている。

――トルコの問題に言及しないのですね。

トルコのことを話さなかったのは、それがここでのテーマではないからだ。EU諸国民はトルコの加入を望んでいない。しかしそれよりもはるかに重要なこと、それは、トルコ人がもはやEUを欲していないということだ。今後誰がいったい、諸国民を閉じ込めるこんな監獄に入りたがるものか。

図表5　ドイツ対アメリカ（1960〜2013年）
（2005年の実質GDP〔ドル換算〕と1人当たりの実質産業付加価値）

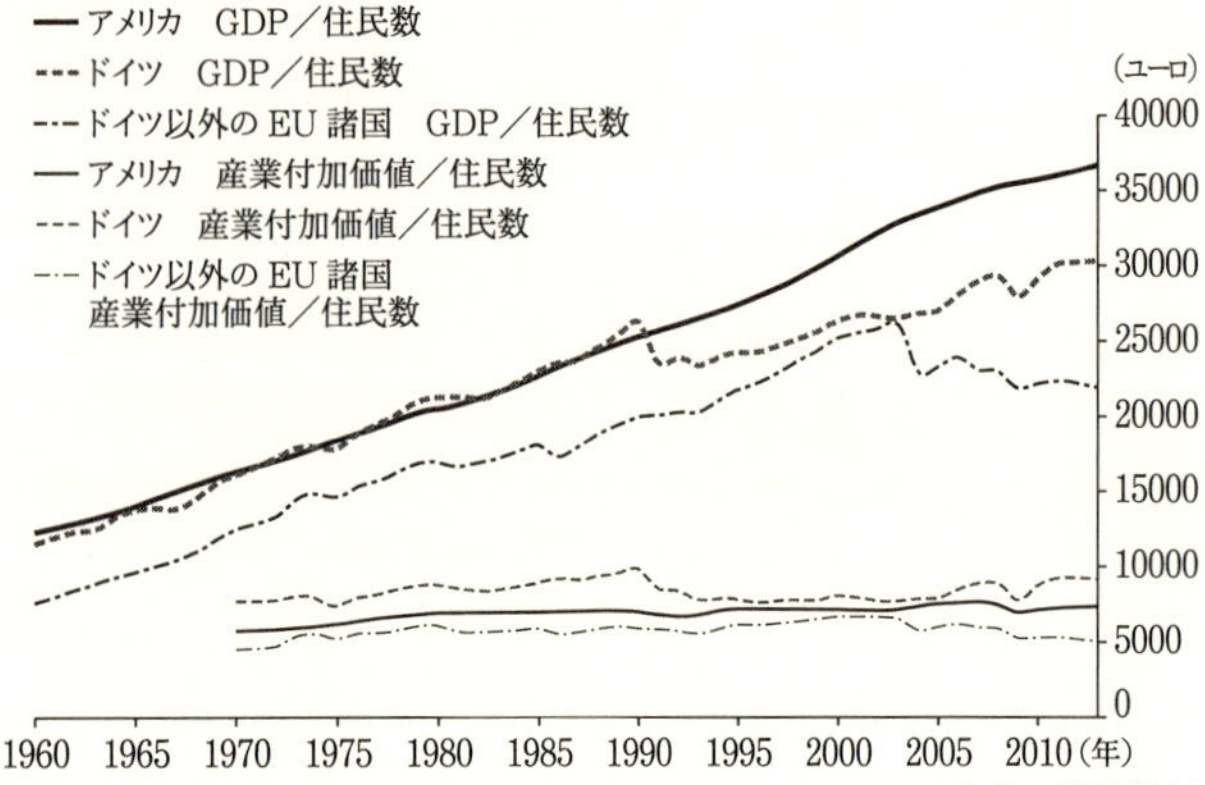

出典：世界銀行

アメリカとEUの産業上の不均衡

不均衡はドイツ支配にプラスに作用

――以下のグラフによって、アメリカ合衆国とこの新たなドイツ帝国の相対的な力を比べることができますね（**図表5〜図表7**参照）。

思うに、いちばん興味深い図表は産業労働人口を示している**図表7**だ。アメリカに対してEUを優位に立たせる産業上の不均衡がいちじるしい。ヨーロッパに

図表6　ヨーロッパとアメリカにおける産業雇用（1980～2012年）
（雇用総数の内のパーセンテージ）

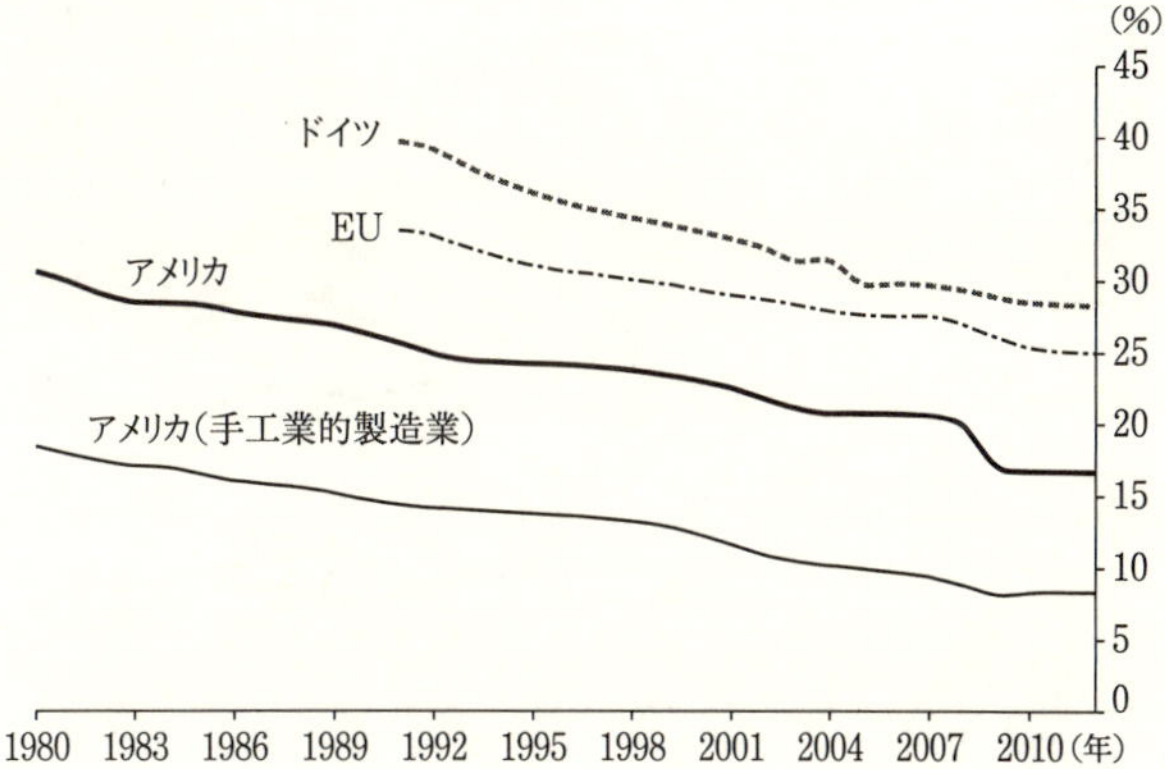

出典：世界銀行＆BLS

今なお発展が低レベルに留まっている産業セクターがあることは、ネガティブなことではない。それどころか、むしろポジティブだ。ヨーロッパの産業領域を見ると、低賃金のゾーンに大きな発展の余地が存在する。

たぶんこの不均衡を利すれば、ドイツはアメリカの産業システムを死に追いやることができるだろう。現段階で環大西洋貿易投資協定（TTIP）を望んでいるのはドイツである。

――実質国内総生産（GDP）から見てもドイツの「一人勝ち」で、他のヨーロッパ諸国はついて行けていませんね（章

図表7　ヨーロッパとアメリカにおける産業雇用（1980～2012年）

（雇用数）

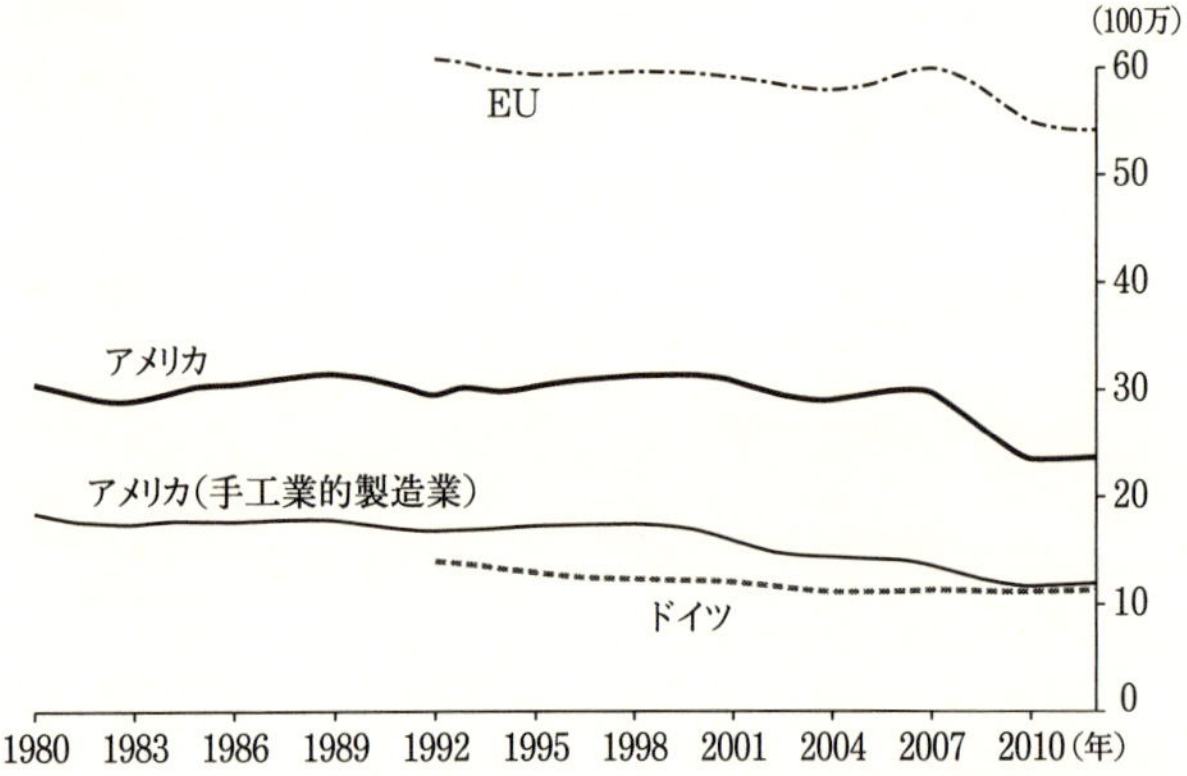

出典：世界銀行＆BLS

末の**図表9～図表19**参照）。

ドイツ一人勝ちのシステム

これらの図表を見ると、二〇〇五年以降ドイツを震央としてヨーロッパが容赦なく序列化されてきているのが分かるでしょう。いいかえると、ドイツとの関係における他のヨーロッパ諸国の脱落だ。フランスやイギリスのような大国も含めてね。

これらすべての曲線が推移の速さを示していて、しかもこの推移は始まったばかりだ。おそらくドイツの民衆の一部は給与の低さに苦しんでいるだろうけれど、全体としてみると、一人当たりGD

Ｐでも、結局つねにドイツが抜きん出ている。

この推移の行き着く先は、ヨーロッパ大陸のドイツ以外の国々の産業システムが壊滅して、ドイツだけが得をするというシステムだ。

注目すべきはまた、ドイツのコントロール下にあるこのヨーロッパ大陸との関係で、人口上、アメリカは単独では対抗できる規模にないという事実だ……。

アメリカと「ドイツ帝国」の衝突

ウクライナは国家として存在していない

――ウクライナの人口がドイツのシステムの一部となるのは、そうした動的な不均衡の中で質的飛躍が起こることを意味しますね。とはいえ、数は多いけれども、貧しくて生産性の低い人口ではある……。

そのとおり。だけど、地理的に密集していて、政治的にコントロールしやすい貧しい人びとを併合するのは、安価な労働力に餓えているこのグローバル世界の中では有利なことであり得る。われわれの世界は今や、ポスト民主主義的で、不平等な世界なのだ。ここにはしたがって、給与水準の低いゾーンへの膨張の動きが潜在している。

新たな「ドイツ帝国」にとってのウクライナの利点は、まさにウクライナがウクライナとして存在していないということだ。

ウクライナは二つに、あるいは三つに分かれている。崩壊途上にあるシステムなのだね。現実には、ウクライナは一度として、正常に機能するナショナルな塊として存在したことがない。見せかけの国家であり、破綻してしまっている。

ウクライナの国家としての無能さの基本的な証拠、それはこれまで明確に強く述べられたことがないのだが、西ウクライナのリーダーたちが演じてきた役割、周縁的な役割である。人びとはしばしばそのことに憤慨し、彼らの議員、彼らの大臣たちの数を数えるけれど、西ウクライナの人びとは全体として僅かなものしか代表していない。

したがって、印象的なのは、中部ウクライナ人、すなわち、ウクライナ語を話し、あまりロシア人が好きでなく、もともとギリシャ正教であるけれども、極右には誘惑されていない人びとが行動しないということだ。
西ウクライナの擡頭は、多数派を占める中部ウクライナがどれほどバラバラになってい
て、組織を組む能力がなく、つまり前国家的状態にあるかを示している。
ウクライナの極右と東部ウクライナの親露派の間で起こっている衝突が明白にするのは、
国の歴史的不在だ。西ウクライナの人びとはヨーロッパに加入したがっている。彼らにと
ってはまったくノーマルなことだ。ナチスドイツとの協力の伝統を持っている極右勢力が、
いったいどうしてドイツのコントロール下に入ったヨーロッパに加入したがらないわけが
あろうか。

ウクライナ問題の行方

とはいえ、例外的な事件となるこのウクライナの獲得は、まだドイツによって実現され
てはいない。ゲームというか、むしろ戦争と呼ぶべきだが、それはまだ始まったばかりだ。
中部ウクライナ人にとって、問題は決着していないと思う。システムは今後、崩壊の度
を強めていくだろう。GDPが縮小するだろうし、状況は悪くなっていくだろう。
思うにそれこそが理由で、ロシアはあれほど慎重な態度をとっていて、戦争することに

あれほど消極的で、一般に言われているのとは逆に、ウクライナのいくつかの部分を併合することを望んでいない。

ロシアは西側による制裁を恐れていない。しかし、中部ウクライナで憎まれることを望まない。現状ではウクライナの中心部分を成す人びとは、ロシアに対して警戒心を持っているが、しかし、ロシア人には空間と時間をうまく活用する大きな歴史的能力があることを認めなくてはいけない。

ドイツ的ヨーロッパによる処遇を二年間受けた後、キエフの人びとは何を考えるだろうか。もしかすると彼らはモスクワの方を振り向こうとするかもしれない。崩壊していくシステムは踏みとどまることがない。崩壊し続ける。

アメリカによるユーラシア大陸コントロールの鍵——ドイツと日本

——話をアメリカに戻しましょう。アメリカシステムはグローバルなパワーではあるけれども、ウクライナからは非常に遠くて、したがって、「西側システム」によるウクライナの統合・崩壊から利益を引き出すことができませんね。

ズビグネフ・ブレジンスキーによれば、アメリカシステムとは、ユーラシア大陸の二つの大きな産業国家、すなわち、日本とドイツをアメリカがコントロールすることだ。ただしそれは、アメリカ自身が産業規模において明確に優越しているという仮定の下でのみ機能する（**図表8**参照）。

早くも一九二八年にアメリカの工業生産高は世界の工業生産高の四五％を占めていた。戦後、一九四五年には、アメリカは相変わらず四五％を占めている。ところが、それが今では一七・五％にまで落ちたのである。

図表8　1928年と2011年における工業生産高のうちに占める割合（%）

	1928	2011
アメリカ	44.8	17.5
ドイツ	11.6	5.7
イギリス	9.3	3.2
フランス	7	2.7
ソ連／ロシア	4.6	1.9
イタリア	3.2	2.8
日本	2.4	9.1
7カ国合計	82.9	43

出典
1928年：アーノルド・トインビーとその協力者たち『1939年3月の世界』（ガリマール、1958年）。
2011年：世界銀行

ユーラシア大陸をコントロールしようとするブレジンスキーのシステムは、現在の数値を見ると成り立たない。私が『帝国以後』で述べたように、アメリカのウクライナとの交易はまったく取るに足らない。

東ヨーロッパでNATOが安全

を確保しているのは、実はドイツの空間なのだ。アメリカ政府向けに、「プロシアの王様のために戦争をする」〔骨折り損のくたびれもうけ〕という古い表現を今日化してあげるべきだろう。

今後二〇年に衝突の危機

——この文脈において、ドイツ・アメリカ関係にどんな将来があり得るでしょうか？

もしあなたが、現在支配的なイデオロギー、つまり『ル・モンド』紙の、フランソワ・オランドのイデオロギー、それはまた素朴なアンチ帝国主義者たちのイデオロギーでもあるのだが、そんなイデオロギーで魔法にかけられた世界に生きているならば、アメリカとヨーロッパ——日本は今もアメリカの保護下にあるとして——を連結する西側ブロックがロシアを抑えなくてはいけないし、抑えることができると考えるだろう。よき戦略的合意と強固な協力関係という仮説に立てば、西洋はロシア経済を打ち負かすことができるだろう。そうかもしれない……。もっとも、中国、インド、ブラジルも存在していて、世界は広大ではあるからして……。

しかし、価値と呼ばれるものが現実的であれ神話的であれ、価値の問題を脇において、もっぱら力関係の現実に注目する戦略的現実主義の世界に身を移せば、今日、二つの大きな先進的産業世界の存在を確認することになる。すなわち、一方にアメリカ、他方に新たな「ドイツ帝国」である。ロシアは第二次的な問題でしかない。

したがってこれからの二〇年間は、東西の紛争とはまったく異なるものに直面しなければならないのだ。ドイツシステムの擡頭は、アメリカとドイツの間に紛争が起こることを示唆している。これは力と支配の関係に基づく内在的なロジックである。私の考えでは、未来に平和的な協調関係を想像するのは非現実的だ。

この段階で、しかしながらわれわれは改めて価値の概念を再導入することができる。ただしそれは、次のことを強調するためだ。

ある意味で現実主義的な人類学者の観点から見て、あるいは数世紀に及ぶ長い期間に注目する歴史家の観点から見て、アメリカとドイツは同じ諸価値を共有していない。大不況の経済的ストレスに直面したとき、リベラルな民主主義の国であるアメリカはルーズベルトを登場させた。ところが、権威主義的で不平等な文化の国であるドイツはヒトラーを生み出したのだ。

アメリカの白人デモクラシー

アメリカ人の平等に対する信念は、たしかに、非常に相対的な信念でしかない。アメリカは経済的不平等の拡大においてトップの国だし、さらには黒人に対する差別の国でもあり、この問題は先般のファーガソンの暴動〔一四年八月に黒人少年を射殺した白人警官が不起訴になったことに端を発した暴動〕が示したように解決からほど遠い。

しかしアメリカはまた、現時点で、非常に多様な出自の人びとを糾合して一つの世界を作ろうとする試みにおいてリーダーの国でもある。この意味で、オバマの当選は非常に象徴的であるといえる。第二期目に入ったこの大統領が失速していることは明らかだが。

ドイツ国民だけを考察すれば、その中での経済的不平等の拡大はまだリーズナブルな程度であって、アングロサクソンの世界で見られる格差よりもはるかに程度が低い。しかしドイツシステムを、そのヨーロッパ的全体性の中で観察すれば、つまり東ヨーロッパの低賃金や南ヨーロッパにおける給与の抑制を加味して考察すれば、現在英米に見られるのよりも断然いちじるしく不平等な支配のシステムが生まれつつあると認めることができる。平等性は残っているのだが、それは支配する側の国民の間、つまりドイツ人の間だけのことなのだ。

私はここで、ベルギーの人類学者ピエール・ヴァン・デン・ベルグの政治学概念を取り上げたい。*Herrenvolk democracy*、すなわち、「支配者たちのデモクラシー」だ。仰天しないでくれたまえ。「支配者たち」という、歴史的に忌わしいイメージの付着したこの言葉を発したからといって、地球が瓦解するわけではない。私は最近、ドイツの新聞『ディー・ツァイト』のインタビューを受けたときにも同じ用語を用いたよ。

当初、ピエール・ヴァン・デン・ベルグは、エスニック・デモクラシーのこの概念をアパルトヘイトの南アフリカに適用したのだった。アパルトヘイトの南アフリカには、自由主義的・民主主義的ルールにしたがって申し分なく機能する平等な市民の集合体があったのだけれども、その自由や民主主義は被支配者たちが存在するという条件でのみ成立していた。

人種差別時代のアメリカと同じだ。アメリカでは、白人グループ内部の平等が、アメリカ原住民および黒人に対する支配によって保障されていた。同じように、イスラエルも「支配者たちのデモクラシー」としてカテゴライズできるだろう。イスラエルの民主主義に一体感と自由が存在するのは、敵と見なされるアラブ人たちの集団が存在していることによってであるから。

ドイツ専用のデモクラシー

もし現在のヨーロッパを描かなければならないとすれば、もし経済地図を政治的な面でコメントしなければならないとすれば、私は言うだろう。ヨーロッパ、あるいはドイツ帝国が「支配者たちのデモクラシー」の一般的な形を取り始めていて、その中心には、支配者たち専用のドイツ・デモクラシーがあり、そのまわりに、多かれ少なかれ支配されていて、その投票行動には何らの重要性もないような、諸国民のヒエラルキーが形成されている。

このモデルを採用すると、フランスで大統領を選んでも何も起こらないのがなぜなのか、よりよく分かる。つまり、フランスの大統領にはもはや権限がないのだ。特に通貨システムに関して。

かくしてわれわれの前に現れてきているのは、報道、意見、その他の自由が完璧に尊重されていて、そういう点では何ら問題がないのだが、基本的にいえることとして、システムの安定性が支配者グループの内部での下意識的連帯に基づいているようなデモクラシーなのである。このところ輪郭を現してきたヨーロッパ像においては、ドイツ人たちを人種差別時代のアメリカにおける白人たちのように見ることができるだろう。
今日、政治的不平等はアメリカシステムの中でよりも、ドイツシステムの中での方が明らかに大きい。ギリシャ人やその他の国民は、ドイツ連邦議会の選挙では投票できない。一方、アメリカの黒人やラテン系市民は、大統領選挙および連邦議会選挙で投票できる。ヨーロッパ議会は見せかけだ。アメリカ連邦議会はそんなことはない。

力をもつと非合理的に行動するドイツ

――これほどに告発する以上、われわれはドイツに対してより警戒的でなければいけないと考えるのですね？

たしかに私は悲観的だ。ドイツが望ましい方向に推移していく蓋然性は日々低下している。すでにきわめて低い水準にまで落ちている。ドイツの権威主義的文化は、ドイツの指導者たちが支配的立場に立つとき、彼らに固有の精神的不安定性を生み出す。これは第二次大戦以来、起こっていなかったことだ。

歴史的に確認できるとおり、支配的状況にあるとき、彼らは非常にしばしば、みんなにとって平和でリーズナブルな未来を構想することができなくなる。この傾向が今日、輸出への偏執として再浮上してきている。おまけに、ドイツの指導者たちは今や、ポーランドの不条理性やウクライナの暴力との間の相互的影響の中にいる。悲しいことに、ドイツの行方は私にとって完全に未知数というわけではない。

どのようにしてドイツは悪い方向へ転回していくだろうか？　ドイツ人集団の年齢の中央値が高いことや、これといった軍事組織がないことによって、このプロセスにはブレーキがかかる可能性がある。が、それにしても、毎週のようにドイツの態度のラディカル化が確認されるのが現状だ。イギリス人に対する、またアメリカ人に対する軽蔑、メルケルが臆面もなくキエフを訪れたこと〔一四年八月〕……。ドイツがヨーロッパ全体をコントロールするためにフランスの自主的隷属がきわめて重要であるだけに、フランスとの関係のあり方が現実を露見させていくだろう。

平等と自由をめぐるドイツ・フランス・アメリカ

しかし、すでにわれわれは知っている。強襲揚陸艦ミストラルのフランスからロシアへの売却をめぐる事件で分かったのは、ドイツの指導者たちが、今ではフランスに対して、フランスの軍事産業で今日残っているものを処分してしまうように求めているということだ。ドイツの社会文化は不平等的で、平等な世界を受け入れることを困難にする性質がある。自分たちがいちばん強いと感じるときには、ドイツ人たちは、より弱い者による服従の拒否を受け入れることが非常に不得意だ。そういう服従拒否を自然でない、常軌を逸している、と感じるのである。

フランスでは、事情はむしろ正反対だ。服従の拒否はフランスではポジティブな価値だから。不服従が日常茶飯で、それはフランス的魅力の一つともいえる。というのは、フランスには秩序と効率への不思議な潜在力も存在しているから。

規律と不平等に関するアメリカのあり方は、また別の意味で複合的であり、分析するには数ページを割かなくてはならない。手短に述べよう。それには事実確認が手っ取り早い。ドイツ的なタイプの規律ある上下関係はなかなか通用しないだろう。アングロサクソンの社会文化は、平等的ではないが、本当に自由主義的だ。平等か不平等かは場合による。同じ家族内の兄弟間のリーズナブルな差異から、個々人の間の、また諸国民の間のリーズナブルな差異という考え方が生まれている。そもそもそこに、アメリカモデルの成功の理由があるのだ。英米系の社会文化は、諸国の間の差異をそこそこリーズナブルに管理することができる。

価値観のちがいが対立を招く

結局、アメリカとドイツという二つのブロックは、それぞれの性質上対立的だということを確認しなくてはならない。この二つのブロックの間には、経済規模の均衡の破綻、価値観の違いなど、紛争を生みやすいすべての要素が積み重なっている。ロシアが潰されるか、あるいは周縁化されて、ゲームの外に排除されるのが早ければ早いほど、この二つのブロックの間の差異が早く表面化してくるだろう。

私見によれば、現時点で真の歴史的な問いは、誰ひとり提示しないのだけれども、次のものだ。アメリカは、アメリカにとって脅威となるドイツを新しい現実として見ることを受け入れるかどうか、受け入れるとすれば、それはいつか?

ドイツのせいでロシア接近を阻まれた日本

――あなたはアメリカ合衆国と「ドイツ帝国」の間の紛争を予言しているわけだが、確信はあるのですか？

もちろん、確信はない。私は将来展望の視野を拡げてみているのだ。ここでは、到来し得るさまざまな未来のうちの一つを描いた。

もう一つのシナリオは、ロシア・中国・インドが大陸でブロックを成し、欧米・西洋ブロックに対抗するというシナリオだろう。しかし、このユーラシア大陸ブロックは、日本を加えなければ機能しないだろう。このブロックを西洋のテクノロジーのレベルに引き上げることができるのは日本だけだから。

しかし、日本は今後どうするだろうか？　今のところ、日本はドイツよりもアメリカに対して忠誠的である。しかしながら、日本は西洋諸国間の昔からの諍いにうんざりするかもしれない。

現在起こっている衝突が日本のロシアとの接近を停止させている。ところが、エネルギー的、軍事的観点から見て、日本にとってロシアとの接近はまったく論理的なのであって、安倍首相が選択した新たな政治方針の重要な要素でもある。ここにアメリカにとってのもう一つのリスクがあり、これもまた、ドイツが最近アグレッシブになったことから派生してきている。

政治指導者にサイエンス・フィクションを勧めたい

——それなら未来のシナリオとして可能なものは、いくつか存在するけれども、無限にあるわけではない。おそらく四つか五つだということですね。

私は頭を空っぽにして精神を外へ開くために、改めてサイエンス・フィクションを読み始めた。

われわれの政治的指導者に、同じタイプのエクササイズを強く勧めたい。なにしろ、彼らはどこへ向かっているかも知らずに、実に決然とした足取りで歩いているからね。

図表9　ヨーロッパにおける1人当たり購買力平価実質GDP（1988〜2010年）
（2005年の恒常国際的購買力平価GDP〔ドル換算〕）

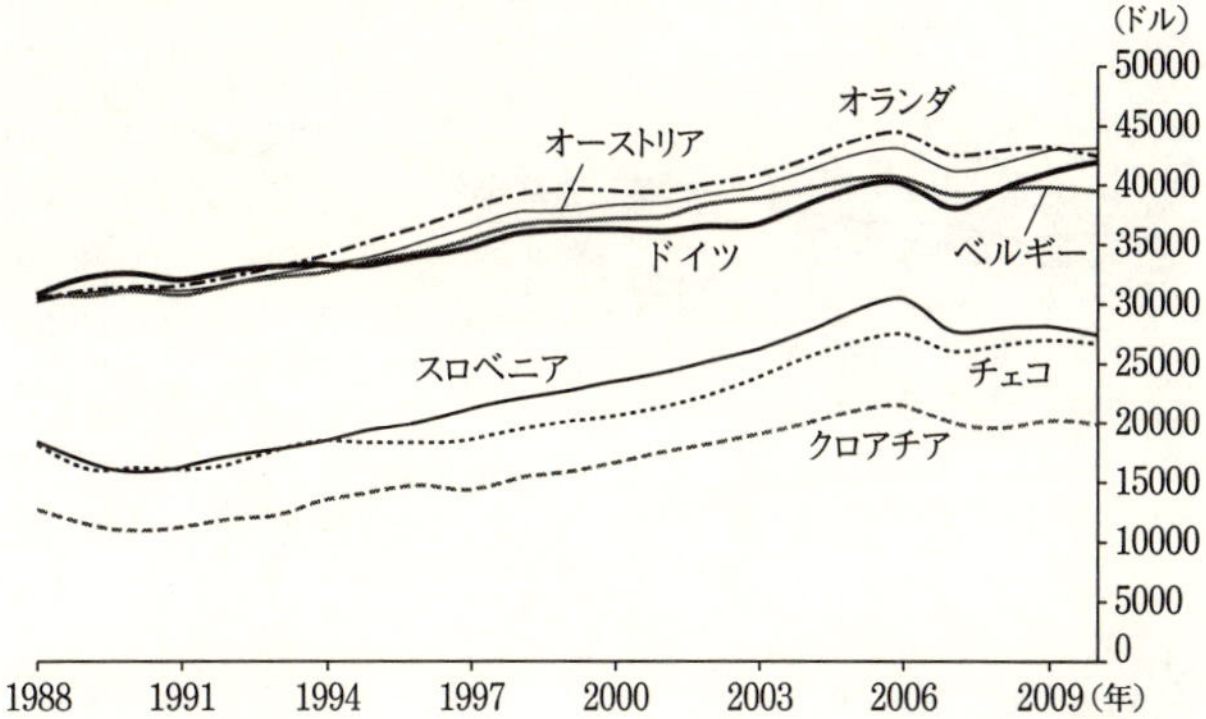

出典：世界銀行

図表10　ヨーロッパにおける1人当たり購買力平価実質GDP（1988〜2010年）
（2005年の恒常国際的購買力平価GDP〔ドル換算〕）

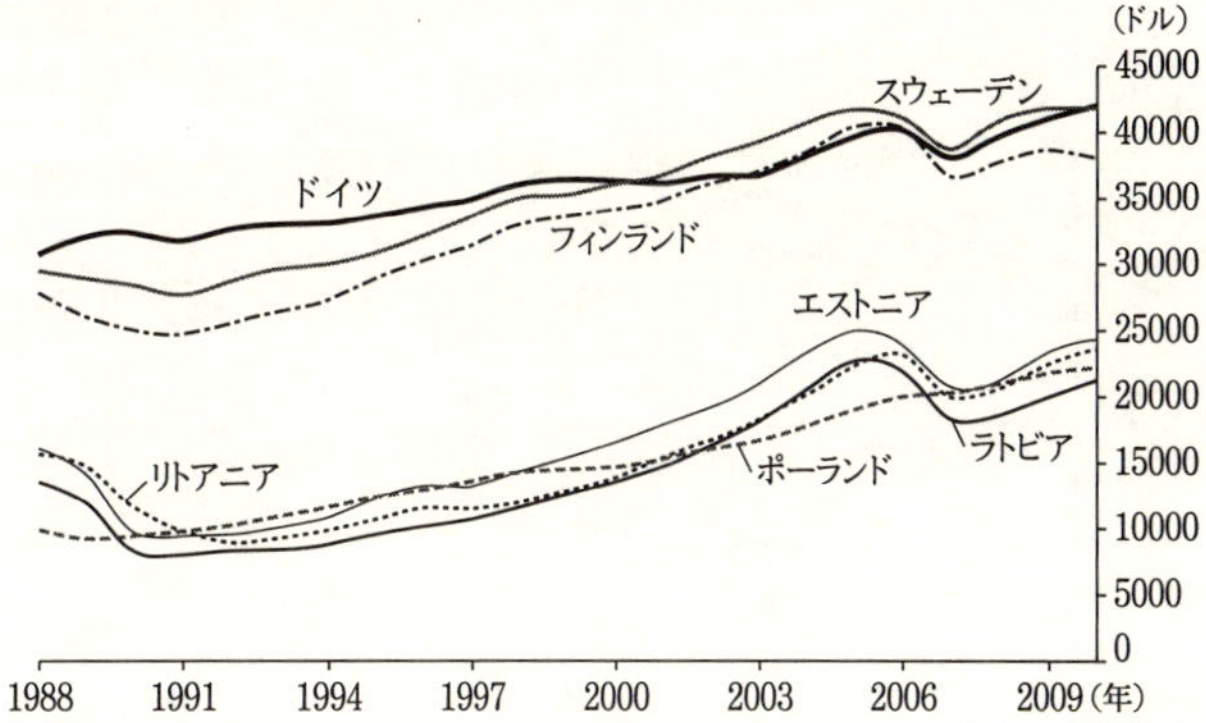

出典：世界銀行

図表 11　ヨーロッパにおける 1 人当たり購買力平価実質 GDP（1988～2010 年）
(2005 年の恒常国際的購買力平価 GDP〔ドル換算〕)

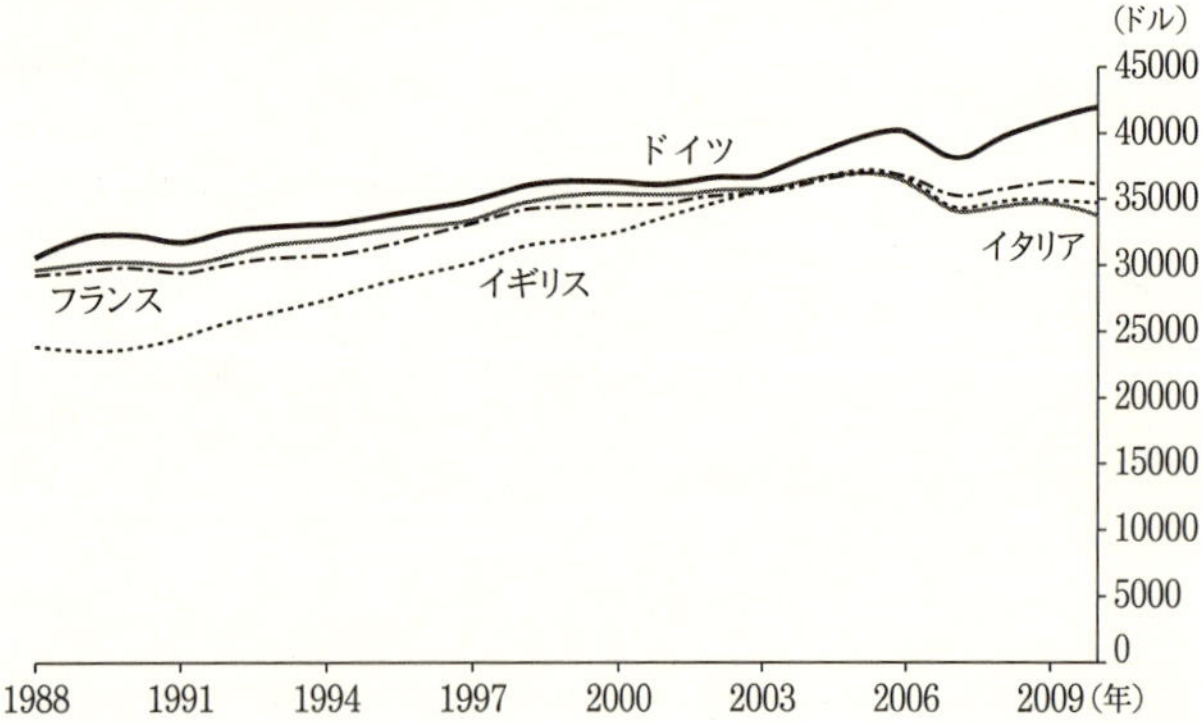

出典：世界銀行

図表 12　ヨーロッパにおける 1 人当たり購買力平価実質 GDP（1988～2010 年）
(2005 年の恒常国際的購買力平価 GDP〔ドル換算〕)

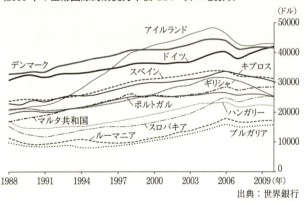

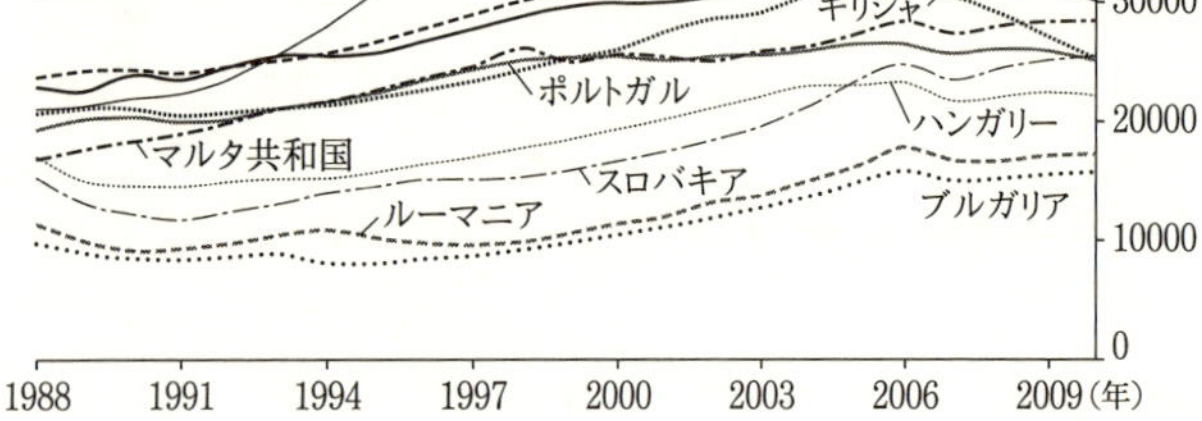

出典：世界銀行

図表13　ヨーロッパにおける1人当たり購買力平価実質GDP（1988～2010年）
（2005年の恒常国際的購買力平価GDP〔ドル換算〕）

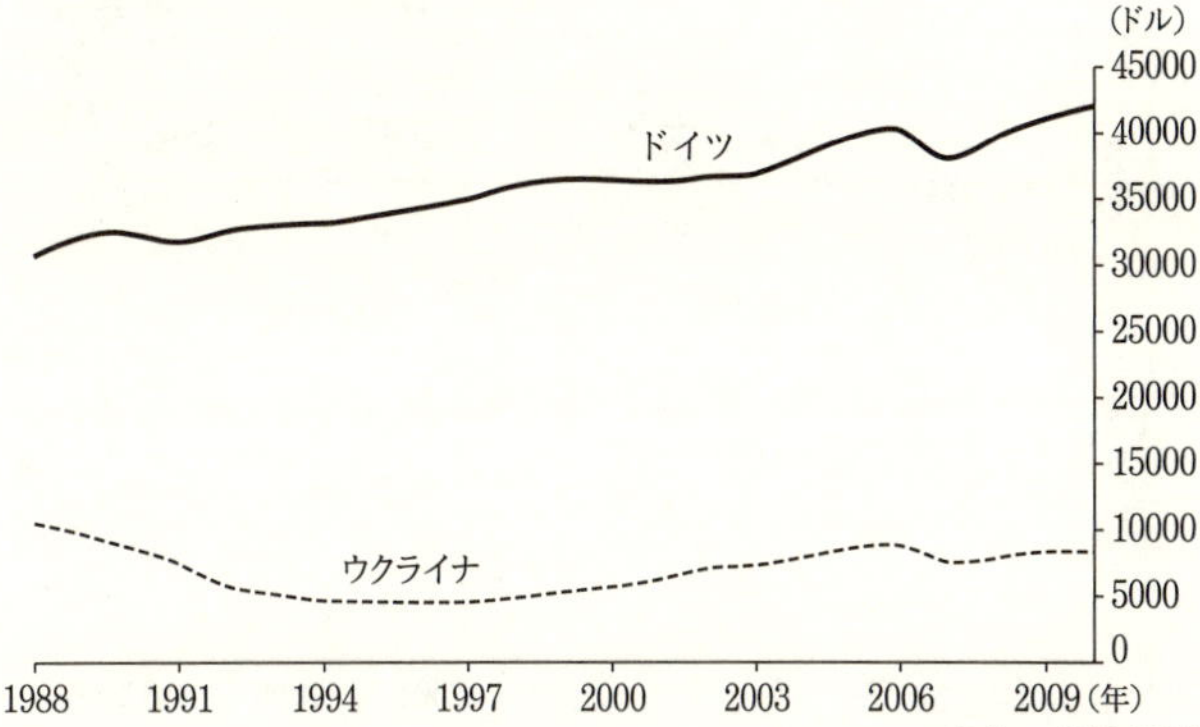

出典：世界銀行

図表14　ヨーロッパにおける1人当たり購買力平価実質GDP：ドイツとの比較（1988～2010年）
（2005年の恒常ユーロと2005年の為替レートにおけるGDP）

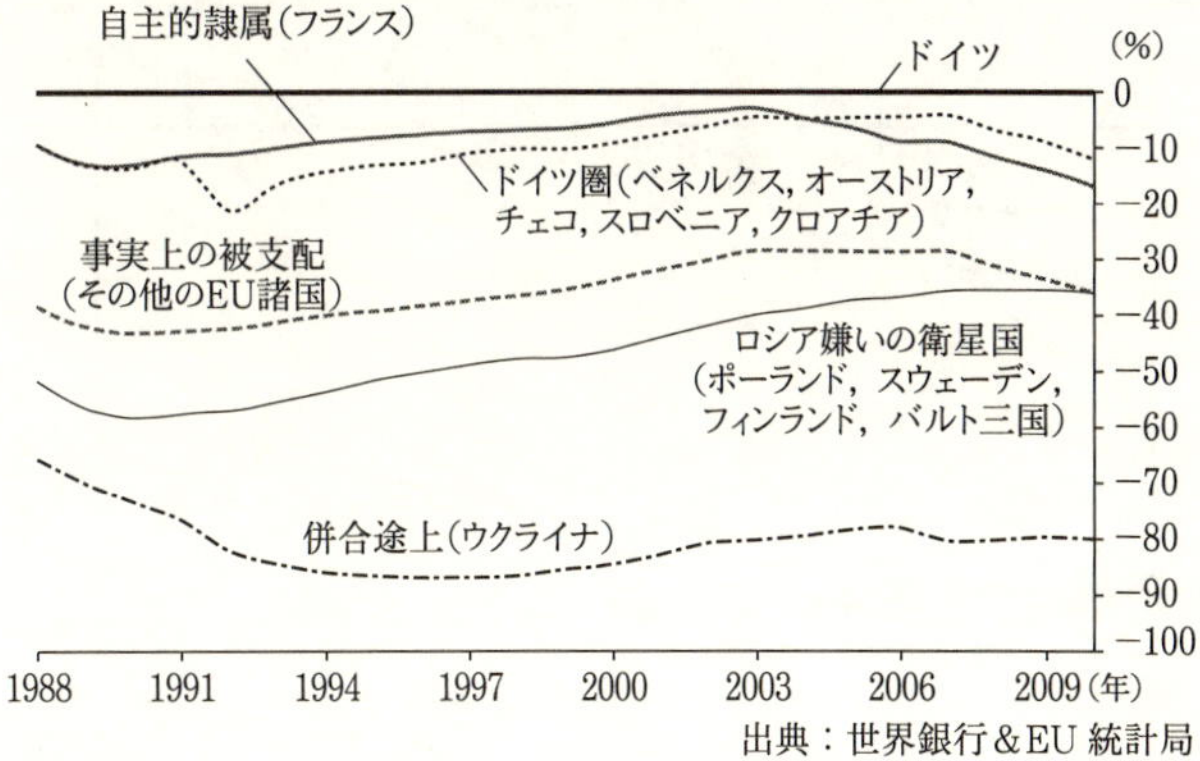

出典：世界銀行＆EU統計局

図表15　ヨーロッパにおける1人当たり購買力平価実質GDP：ドイツとの比較（1988〜2010年）（2005年の恒常ユーロと2005年の為替レートにおけるGDP）

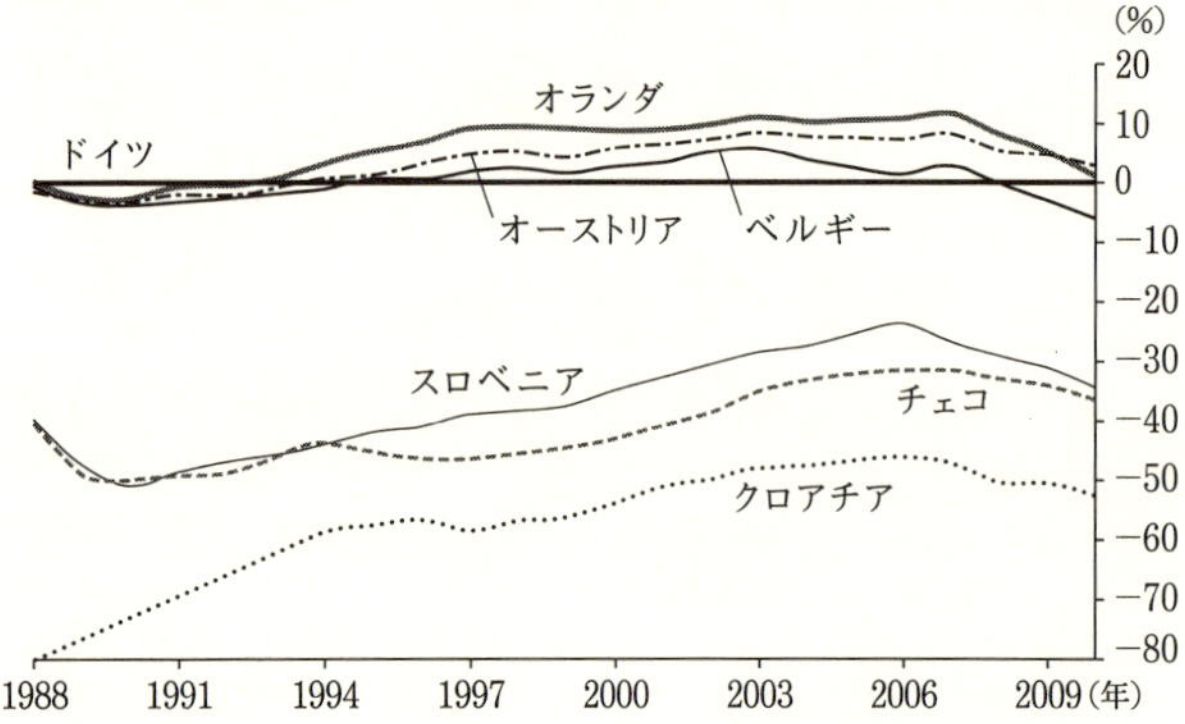

出典：世界銀行＆EU統計局

図表16　ヨーロッパにおける1人当たり購買力平価実質GDP：ドイツとの比較（1988〜2010年）（2005年の恒常ユーロと2005年の為替レートにおけるGDP）

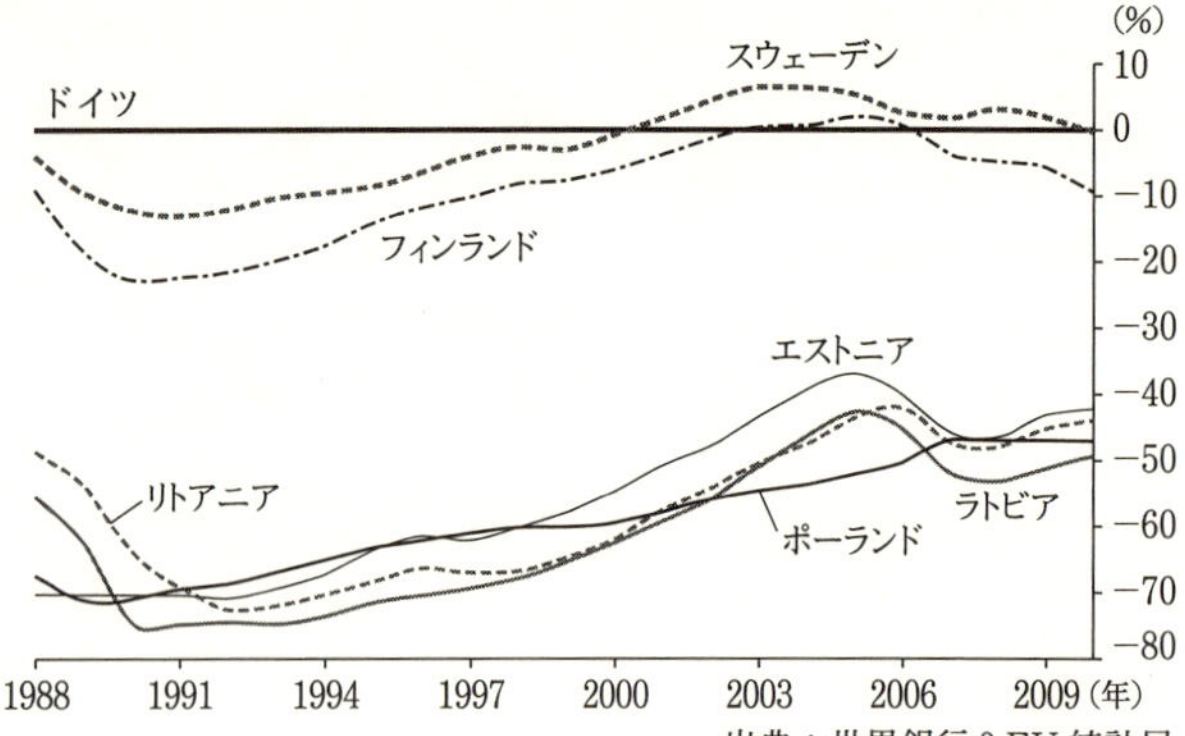

出典：世界銀行＆EU統計局

図表 17　ヨーロッパにおける 1 人当たり購買力平価実質 GDP：ドイツとの比較（1988～2010 年）
（2005 年の恒常ユーロと 2005 年の為替レートにおける GDP）

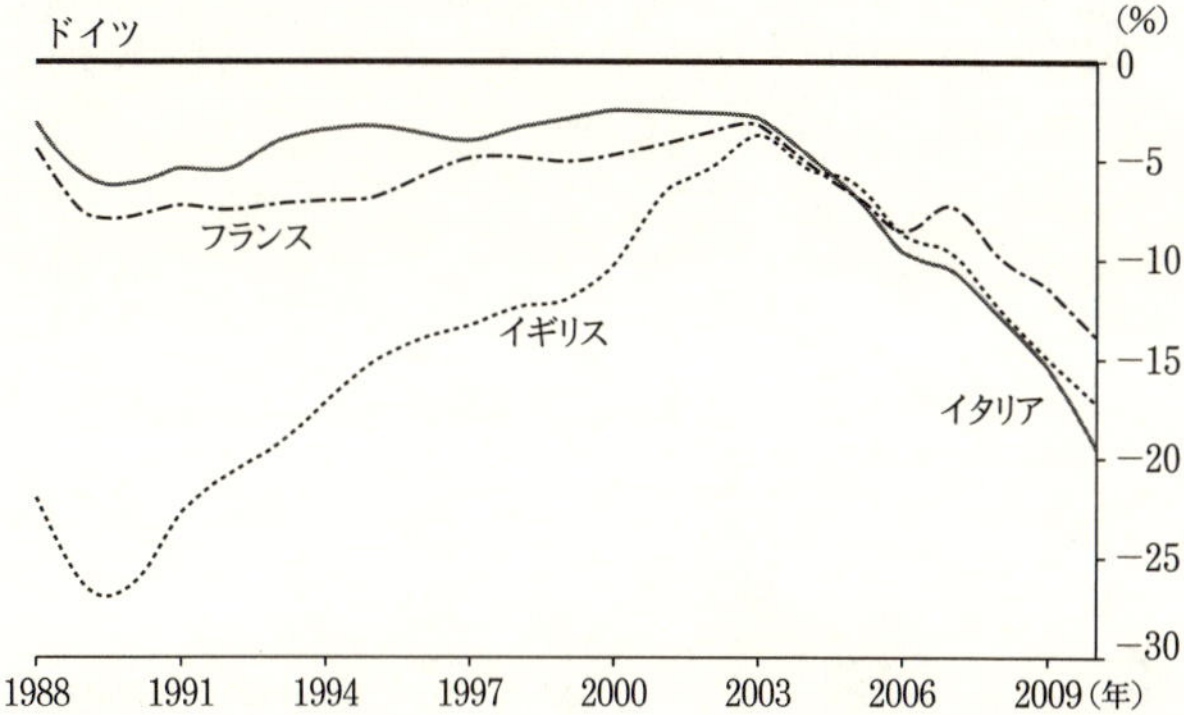

出典：世界銀行＆EU 統計局

図表 18　ヨーロッパにおける 1 人当たり購買力平価実質 GDP：ドイツとの比較（1988～2010 年）
（2005 年の恒常ユーロと 2005 年の為替レートにおける GDP）

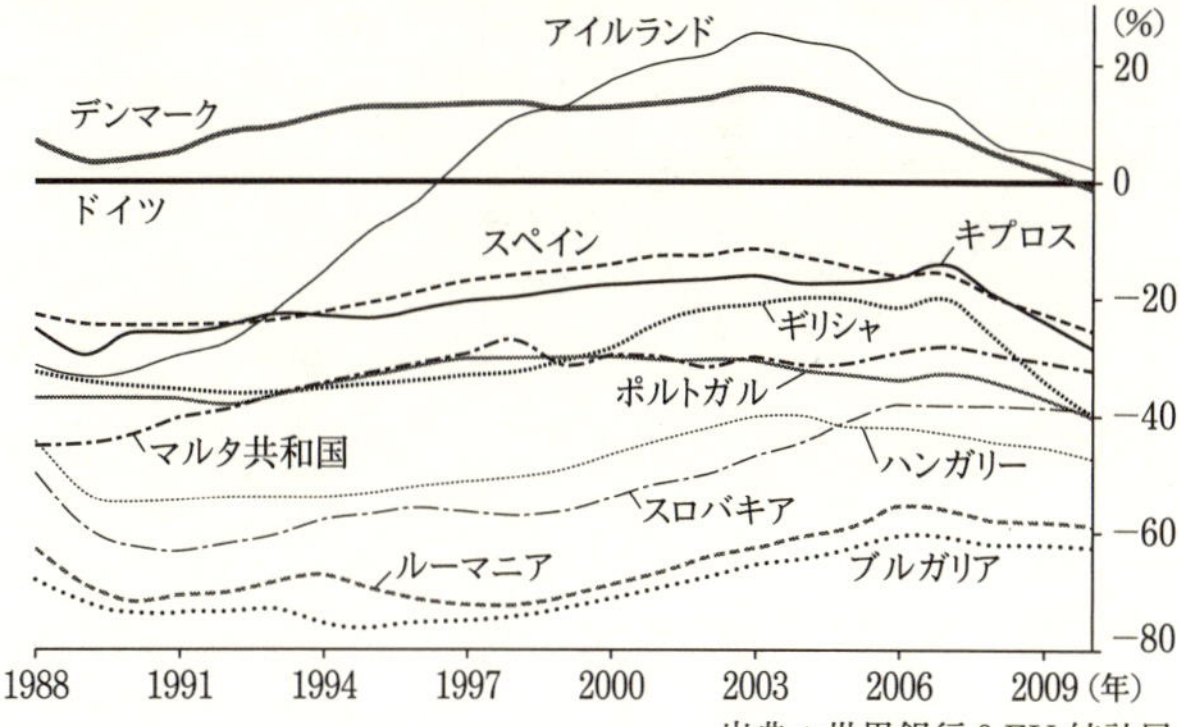

出典：世界銀行＆EU 統計局

図表19　ヨーロッパにおける1人当たり購買力平価実質GDP：ドイツとの比較（1988〜2010年）
（2005年の恒常ユーロと2005年の為替レートにおけるGDP）

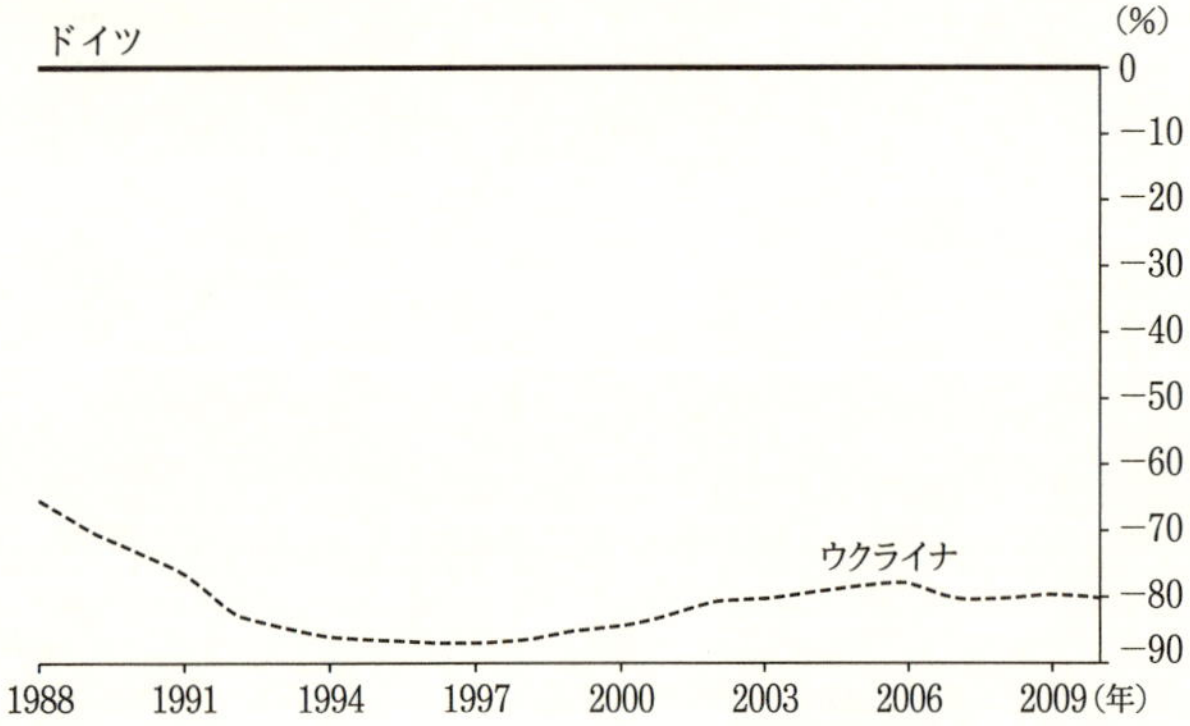

出典：世界銀行＆EU統計局

2

ロシアを見くびってはいけない

原題　La Russie nous surprendra toujours
聞き手　アンドレ・ラランネ André Larané
初出　ヘロドトス・ネット Herodote.net
二〇一四年五月二八日

付記　歴史家エマニュエル・トッドは一九七六年に『最後の転落』という挑発的なタイトルの試論を上梓して、ソビエト連邦の終焉を予見した。二〇一四年、Herodote.net との二本の独占インタビュー（本章と次章）において、ふたたび世論の大勢に逆らい、ロシアの再生とウクライナの崩壊を告知した。その際に彼が挙げたさまざまな数値は、われわれの政治指導者たちにとっても、よく吟味し、参考にすべき手がかりであろう。

乳児死亡率の上昇から予見できたソ連崩壊

――あなたは人口学的指標を通して、さまざまな人間社会とその未来を理解しようとする学者ですね。ロシアは四〇年前から、あなたが好んで扱うフィールドの一つです。奇しくも今日、ロシアがふたたびヨーロッパを震撼させています。この現状をどう捉えているか、教えてください。

一九七六年に、私はソ連で乳児死亡率が再上昇しつつあることを発見しました。その現象はソ連の当局者たちを相当面食らわせたらしく、当時彼らは最新の統計を発表するのをやめました。というのも、乳児死亡率（一歳未満での死亡率）の再上昇は社会システムの一般的劣化の証拠なのです。私はそこから、ソビエト体制の崩壊が間近だという結論を引き出したのです（『最後の転落』）。

乳児死亡率が低下し、出生率が上昇しているプーチンのロシア

ところが今日、数カ月前から私が観察し、注目しているのは、プーチン支配下のロシアでかつてとは逆に、乳児死亡率が目覚ましく低下しつつあるという現象なのです（**図表20**参照）。並行して、それ以外の人口学的指標も有意の事態改善を示しています。男性の平均余命、自殺と殺人の発生率、また何よりも重要な出生率などの指標です。

二〇〇九年以来、ロシアの人口は増加に転じて、すべてのコメンテーターや専門家を驚かせています（**図表21**参照）。

これは、ロシア社会が、ソビエトシステム崩壊による激しい動揺と、一九九〇年代のエリツィン統治を経て、今、再生の真っ最中だということを示しています。

ロシアのこの状況は、数多くの点で、中央ヨーロッパの国々や、底知れない実存的危機に沈んだウクライナに比べればいうまでもないですが、西欧の多くの国々と比べても、より良好な状況だといえます。

経済指標は捏造できるが、人口学的指標は捏造できない

——しかし、それらの統計はどの程度の信頼できるのでしょうか？

最高度の信頼です。人口学的なデータはきわめて捏造しにくいのです。内的な整合性を

図表20 ロシア、ウクライナ、フランス他の乳児死亡率の比較

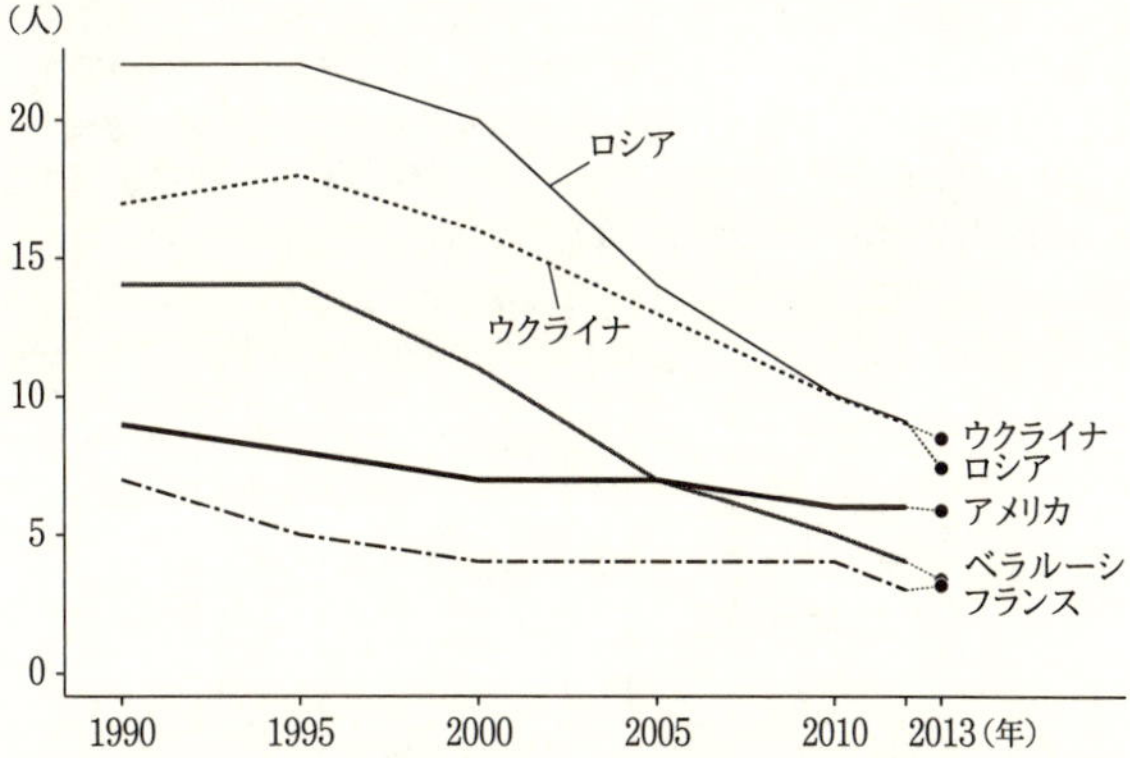

＊出典：Herodote.net、2014

乳児死亡率

乳児死亡率（1000人の乳児のうち、1歳未満で死亡する数）は、おそらく現実の社会状態の最も重要な指標である。この率は実際、ケアのシステム、インフラ、母親と子供に与えられる食物と住居、母親および女性一般の教育水準等々に同時に依存する……。

上のグラフは、20世紀末以来、かつてソ連の一部分を成していた3カ国で達成された驚異的な進歩を物語っている。ロシアは非常に高い乳児死亡率（1000人の誕生に対して20人以上の死亡）から出発して、ウクライナに追いつき、今日ではアメリカの率より僅かに高いだけのレベルに達している。

いっそう強く驚かせてくれるのはベラルーシの進歩で、その乳児死亡率は、今ではフランスのそれと同じレベル（1000人中3人）にある。ベラルーシといえば、国際的には名の知られていない独裁的な大統領に率いられている国で、ヨーロッパの奥の方の「ブラックホール」だとさえ思われている。そのベラルーシに関して、誰がこんなことを予想しただろうか。後述のように、あらゆる点でベラルーシはロシアに密着している。この二つの国は類似の家族構造を持っており、ベラルーシはウクライナとは逆に、限定的な独立に甘んじている。

図表 21　コウノトリがロシアに戻ってきた（各国の出生率）

ロシアの出生率（女性1人が産む子供の数の平均値）は、総人口を減少させない世代交代を可能にする基準値よりは――すべての先進国においてと同様――まだ低いとはいえ、ロシアの人口の回復の兆しといえる。下の表に示された数値を比較して注目すべきは、カトリック系の強いポーランドの出生率の激減であろう。EU 加盟をよい方向に利用できなかったことが明らかだ。

	1993	1999	2005	2013
ロシア	1.7	1.2	1.4	1.7
ベラルーシ	1.8	1.3	1.2	1.6
ウクライナ	1.8	1.3	1.2	1.5
ポーランド	2.0	1.5	1.2	1.3
フランス	1.8	1.7	1.9	2.0
ドイツ	1.4	1.3	1.3	1.4
アメリカ	2.0	2.0	2.0	1.9

出典：国連「世界人口展望」／フランス国立人口統計学研究所「人口と社会」

持っていますからね。

ある日、誕生を登録された個々人は、死亡証明書に辿り着くまで、彼らの人生の節目節目で統計に現れてこなければなりません。だからこそソビエト政府は、かつて乳児死亡率が芳しくなくなった時、それを発表するのをやめたのです。

経済や会計のデータの場合とは全然違うのです。経済や会計のデータは易々と捏造できます。

何十年もの間、ソビエト政府がやったように、あるいは、ゴールドマン・サックスのエキスパートたちが、ギリシャがユーロ圏に入れるようにその政府会計の証明書を作らなければならなかったときにやったようにね……。

ロシアの安定化を見誤った西側メディア

――すると、ロシアが活力を取り戻したのは驚くべきことだと仰るのですね？

そうです。まさに驚きです。私の著書『帝国以後』はアメリカをテーマとして二〇〇二年に上梓した試論ですが、私はあの中に「ロシアの回復」と題する章を設け、その可能性を検討はしたのです。

しかし、それを裏付け得る統計的データはいっさい持っていませんでした。当時は、ロシア社会とその家族構造、および国家の構造についての自分の捉え方に、信を置いていただけでした。

このたびの驚きは、ごく控え目にいっても、わが同胞たちにはまったく共有されていません。近年私は、西側のメディア、特にフランスのメディアによる烈しいロシア叩きに苛立っています。中でも『ル・モンド』紙が中心でね、その錯乱たるや！

――そりゃ、誇張でしょう！

いや、全然誇張ではない。あれらのメディアは、ヨーロッパ大陸随一の軍事大国の驚異的な立ち直りについて、世論をまんまと目隠し状態にしたのです。そのようにして、私は遠慮なく言わせてもらうが、西側メディアはわれわれを危険な状況に置いたのですよ。

ＣＩＡにしてからが、もともと持っている偏見に欺かれてしまいました。二〇世紀の終わりの数十年における人口の激減に目を奪われて、ＣＩＡはロシアが早晩消滅するだろうと踏んだのです。

ＥＵも同じです。ＥＵはロシアとその隣国との間の新たな力関係の評価を誤りました。こんなふうにして、ヘマとしくじりを繰り返し、われわれはクリミアの併合とウクライナにおける市民戦争に行き着いたのです。

「プーチン嫌い」が真実を見えなくさせている

――プーチンのことを忘れていますね。彼の粗暴なやり方やホモフォビアを……。

ホモフォビアについては、私は専門的知識を持ち合わせません。もっとも、個人的にはフランスが法制化した同性婚に賛成です。二、三週間前に週刊誌『マリアンヌ』がフランス人の「政治的セクシュアリティ」についての世論調査を分析してくれといってきました。あれには正直、ずいぶん楽しませてもらった……。

より真面目な話として、たしかにロシアの大統領には、社会民主主義者的なところも、自由主義者的なところも皆無です。

一九九〇年に週刊誌『ル・ポワン』に問われて私は言いましたよ。ロシアがいつの日かアングロサクソン風のデモクラシーになるだろうなどということは想像しない方がいいとね。ロシアの家族構造や国家の構造が、あの国の歴史に刻み込まれている暴力と相俟って、そうした推移を妨げるのです。

しかしながら、「プーチン嫌い」の雰囲気によって、人口学的な指標によって疑いの余地もなく明らかになる本質的な事実がわれわれの目に隠されてしまいました。それはつまり、ソ連の崩壊から、モダンでダイナミックなひとつの偉大な社会が生まれたという事実です（**図表22〜図表25**参照）。

図表 22　ロシアにおける大学への女子の襲来（各国の女子進学率）

高等教育課程に在籍する男子の人数に対する女子の人数の比率は、ある社会の近代性のレベルを測る興味深い指標であり、これを通して、その社会で女性がどのような地位を占め、どのような地位に留まるかということも推測できる。

スウェーデン	100 人の男子に対して 140 人の女子
ロシア	130 人
フランス	115 人
アメリカ	110 人
ドイツ	83 人

出典：OECD、2013 年

図表 23　イワン雷帝の亡霊は遠ざかる（自殺率・殺人率・男子平均余命）

習俗に関しては、自殺と殺人の発生率を見ても、長い間アルコール中毒と暴力によって伸張を妨げられてきた男子の平均余命を見ても、ロシアの状況が徐々に改善されてきていることが確認できる。

	1998	2010
自殺率（10 万人あたりの死亡数）	35.5	30
殺人率（10 万人あたりの死亡数）	22.9	10
男子平均余命	61 歳	64 歳

参考のために、自殺率はフランスでは 10 万人あたり 16 人（2008 年）。殺人率はアメリカでは 10 万人あたり 4.2 人、フランスでは 10 万人あたり 1 人（2013 年）。

図表24　男はつらい（各国の男女平均余命）
60歳時点での余命（女性）

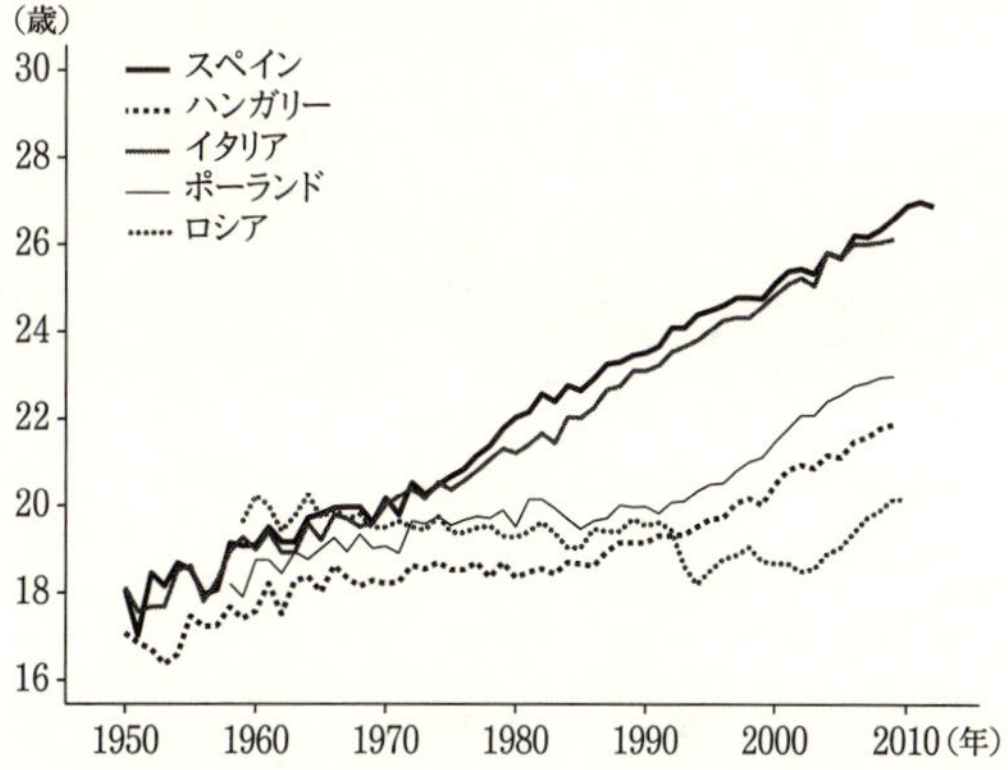

国内で支持される権威主義的デモクラシー

その社会では、ソ連時代から継承された高い教育水準が保たれていて、男子よりも女子のほうが多く大学に進学しています。また、人口の流出よりも流入のほうが多いことからも、ロシア社会とその文化が、周辺の国々の人々にとって魅力的なのだということが分かります。

これが、他によい言い方がないので私が仕方なく「権威主義的デモクラシー」と呼ぶものに繋がっているのです。すなわち、強力で粗暴でさえあるが、それにもかかわらず大多数の国民から暗黙の支持を受ける体制です。

KGBはロシアのエリート養成機関

――くどいようですが、ソビエトの政治警察で

図表 25　60 歳時点での余命（男性）

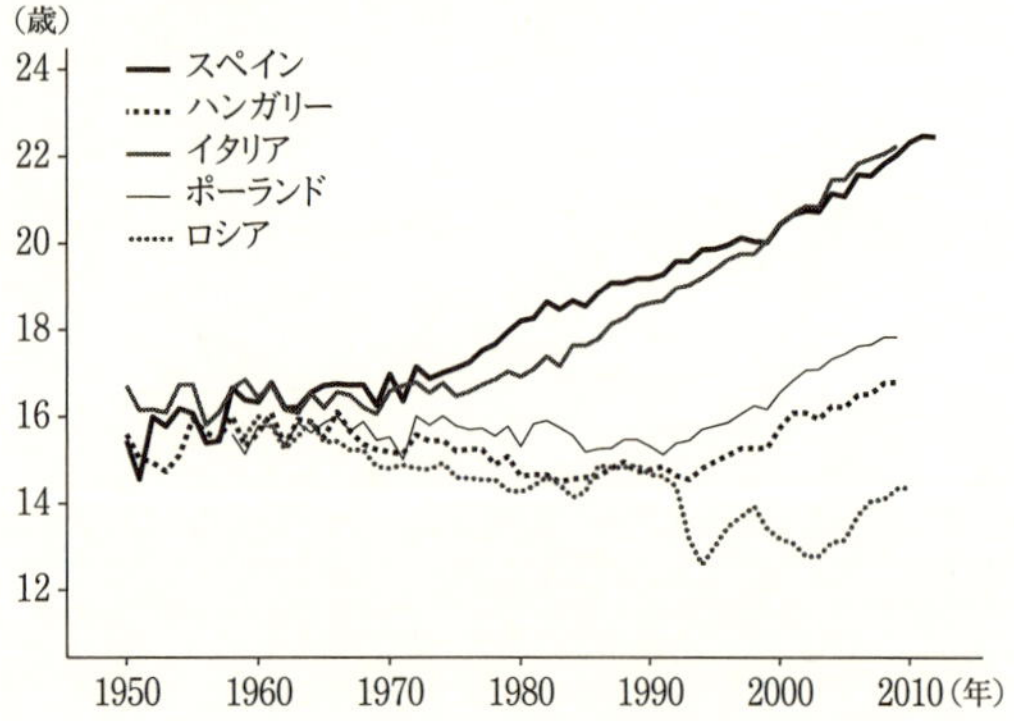

出典：Herodote.net、2014

図表 24・25 は、60 歳に達した女性と男性が、その後何年生きられるかという余命の平均値を示している。ロシアに関しては、ソ連時代の 1950 年代以来だんだんと大きくなった遅れと、まだ脆い状態にある近年の立ち直りが確認できる。

あったＫＧＢ出身の大統領というのは、いかにしても旧式すぎるでしょう。

だからどうだというのですか？　ＫＧＢとその現代版であるＦＳＢ（ロシア連邦保安庁）は、ロシアのエリート育成機関なのです。

ロシア史の専門家であるあのエレーヌ・カレール＝ダンコースが皮肉を込めて言っていましたよ。ＫＧＢやＦＳＢはフランスにとってのＥＮＡ（国立行政学院）に相当する機関だとね。あの国の荒っぽい体質の一部分だと言っておきましょう！

ロシア経済の二つの切り札

――あなたはロシア社会がむしろうまくいっていると断言されるわけだが、経済はどうですか。うまくいっていませんよね。

経済の領域には立ち入りすぎないようにしたいと思っています。ただ、ロシアの成長率一・四％と失業率五・五％は、オランド大統領を羨望で青ざめさせるに十分だということには注目しておきたいですね。わが国の大統領をあまり打ちのめしてはいけないので、ロシア大統領の支持率については何も言わないでおきますけれども。

もっとも、ロシアが主として地下資源の開発に依存する「不労所得経済」によって、また、ますます農業によって生きているというのは本当のことです。それ以外の点に関していえば、ロシアは従来からの産業で残っているものを護ることを目的とする保護主義経済にとどまっています。

あの国の切り札は二つです。潜在的な富に満ちた一七〇〇万平方キロメートルの広大な国土と、八〇万人のユダヤ人がイスラエルへ去ったとはいえ、それでもなお、大勢のハイレベルの科学者たちを擁する一億四四〇〇万の人口（二〇一三年）です。

この二つの切り札がプーチンの戦略を決定しています。国土とその資源を優秀・有能な軍隊で守りながら、世界経済がアジアと新しいテクノロジーへの移行を完遂するのを待つという戦略です。彼が別の選択をして、労働力を必要とする工業を迎えたり、消費材の輸出産業を発展させたりするということは考えにくい。

人口学的指標が示すロシアの健全さ

しかし、こうした経済領域では、私は仮説を述べるにとどめます。それに対して、仮説にではなく現実に属するのは、ロシアの人口学的要素の非常に力強い立ち直りです。多くのヨーロッパ諸国を羨ましがらせるような、健全な何かがそこにはあります。

とはいえ、誇張は控えます。仮に不幸にして私が祖国から追放されるようなことが起これば、私はうちの家系に定着した伝統に従いますよ。亡命先はアメリカです。ロシアではありません！

3　ウクライナと戦争の誘惑

原　題　L'Ukraine et la tentation de la guerre
聞き手　アンドレ・ララネ André Larané
初　出　ヘロドトス・ネット Herodote.net
二〇一四年五月三〇日

家族構造からみたロシアとウクライナ

――しばらく前にはグルジアの機嫌を取っていたヨーロッパの政治指導者たちが、今度はウクライナの機嫌を取っています。そして二〇一三年の秋からのユーロマイダンでの騒擾〔「ユーロマイダン」は首都キエフにある「欧州広場」のこと。二〇一三年〜一四年にここを中心に、当時のヤヌコーヴィチ大統領による欧州連合協定調印棚上げに反対して行われた大規模な反政府デモ〕以来、フランスで、またヨーロッパのほとんどの国々で、世論にもウクライナへの強い共感が表れています。人類学者として、この感情を共有しますか？

人々は地図に目をやり、ウクライナがロシアよりも西にあるのを見ます。そして、ロシアよりも西だから当然「西洋的」と思うわけです。それは間違ってはいません。

ロシアとベラルーシの特徴は共同体家族構造にあります。つまり、家長と息子たちの家族が同じ屋根の下で暮らすのです。

それに対してウクライナは、イギリスや、フランスのパリ盆地で出会う家族構造に類似した核家族構造を特徴としています。つまり、パパとママと子供たちという構造です。

このような差異を私が抽出したのは、スターリン時代の人類学博士論文からではありません。一九世紀のある歴史家で、『ロシア皇帝の帝国とロシア人たち』という分厚い本（一九九一年にブカンシリーズ中で復刊、一四〇〇ページ）を書いたアナトール・ルロワ＝ボーリューの仕事からです。

こうした差異があったがゆえに、スターリンはさほど苦労せずに大ロシアの大地を集産化できたのに、小ロシア（キエフ地域）では同じようにすることがついにできず、自分に抵抗するおびただしい数の農民たちを皆殺しにしなければならなかったのです〔一九三二～三三年にかけてウクライナで旧ソ連が行った人工的大飢饉により数百万人が殺された〕。

では、そこから引き出す結論として、ウクライナ人たちはロシア人たちよりもわれわれに近いといえるでしょうか？　注目すべきことに、フィリピンのタガログ族も個人主義的な核家族構造を持っています。だからといって彼らは、われわれに近いでしょうか？　ちょっと考えにくいですね。

国家が機能してこなかった「中間ヨーロッパ」

われわれの西洋社会（ただし直系家族を主流とするゲルマン世界を除外する）を特徴づけ

るもの、それは、個人主義や自由の肯定・拡大に適した核家族構造と、個々人のさまざまな熱望を自らの周辺に結晶させる強い国家の組み合わせです。

ところがウクライナは、タガログ族もそうだが、強い国家というものを経験したことがない。そしてこの特徴を中央ヨーロッパの隣国、ポーランドやルーマニアと共有している。ポーランドやルーマニアは伝統的に核家族構造を持っています。ポーランド人たちは、強い国家を建設するチャンスに恵まれたのですが、彼らのうちの貴族たちの部族的な振舞いのせいでそれを逃しました。彼らは自分たちの独立を「自由拒否権（リベルム・ヴェト）」をめぐる仲間内の諍いのために犠牲にしてしまったのです。

黒海からバルト海へと長く伸びているこの「中間ヨーロッパ」ではしたがって、少なくとも一八世紀以来、国家が機能していない。

しかも、不幸なことに、二つの強い国家、すなわち、プロシアとロシアの間に挟まれていて、そのぶん近代へのアクセスが遅れました。

人口学で確認できるウクライナの解体

――それはなんとも不思議でおもしろい。ウクライナはロシアよりも近代的でないとおっしゃりたいのかな？

まあ、それに近いことが言いたいわけです。ソ連の崩壊後、あの二つの国がどれほど異なる様相を呈するに到ったかに注目していただきたい。

ロシアは騒動を起こさずに自らの古い帝国に別れを告げ、ふたたび地に足をつけることができた。なぜなら強い国家的伝統を有していたからです。

今日、ロシアは言葉の本来の意味で蘇生してきている。さまざまな人口学的指標がそれを表しており、出生率も上昇に転じています。二〇〇一年には女性一人につき子供一・二人だったのに、二〇一三年には子供一・七人というところまできている。四〇％増です。

一方、ウクライナはここ二五年間、危機の中にいます。出生率の数値も低い（女性一人あたり子供一・五人）。もっとも、ドイツ、中央ヨーロッパ、そして地中海沿岸ヨーロッパの災厄ともいえる水準よりはマシですけれどもね。

しかもいちばん悪いことに、あの国は、教育を受けた青年層が国外へ出て行ってしまうことで苦しんでいます。独立以来、ウクライナはそのようにして、人口の一〇分の一以上を失い、五二〇〇万人の人口は四五〇〇万人になってしまいました。

これはたいへんな現象で、規模の大きい国では類例がありません。人口学が教えてくれること、それはウクライナ社会の静かな解体が進行しているということです。南ヨーロッパでサブプライム危機以降、非常に低い出生率と高学歴青年層の流出が重なっているのと同じです。異なるのは、ウクライナではそれが最近の現象だということで、その原因は知られていますね……。

「親EU派」と称される極右勢力

ユーロマイダンの革命と二〇一四年五月二五日の大統領選挙では、ウクライナの混濁したもう一つの側面が表面化しました。すなわち、それと比べると〈国民戦線〉〈フランスの極右政党〉がまるで中道左派のように見えてしまうほどに超過激な、極右勢力の存在です。

その極右勢力が特に激烈なのは、国の中でも最も貧しい地域の一つである西部地域においてですが、その地域こそ、ヨーロッパ人に好感を持たれている地域（宗教的な類縁関係のゆえに、とりわけポーランド人に気に入られている地域）なのです。

ガリツィア（首府はリヴィウで、リヴォゥ、レンベルクとも呼ばれている）やヴォルィーニといった州は、重い過去からまだ立ち上がりかねているあの「中間ヨーロッパ」の真ん中にあるわけで、そこでは今なお、第二次世界大戦中の最も大きな強制収容所や死体投棄場所の門前で、平然とユダヤ人差別者であることを白状するような連中を見かけます。

彼らはEUの旗を打ち振りますが、あれは、われわれの民主主義的価値との親和性よりも、ポーランド人の従兄弟たちへのシンパシーや、ソ連兵相手に一緒に戦ったドイツ人たちの思い出に突き動かされてのことなのです。

もしかすると、小ロシア、つまりキエフの地域とポルタヴァの住民たちは、西部地域の同胞たちの重量がウクライナ全体にとっての致死量を超えていることに気がついて、新ロシア（オデッサ、ドネツク、南部と東部）のロシア語話者たちに近づくかも知れません。たぶんそれがリーズナブルな選択です。同じように、ウクライナが国家を営むという文化においてロシアに負っているものすべてを受け入れるのもリーズナブルです。

「テロリストvs.ファシスト」の戦争に対して冷静なプーチン

——あなたはナチズムを引合いに出すが、それはいくらなんでも大袈裟すぎるでしょう！

この手がかりを私に与えてくれたのは、キエフの軍事クーデター加担者と、彼らの敵であるロシア語話者たちです。

前者は後者のことを「テロリスト」と呼んでいました。重い意味を持った言葉です。過去には占領者であったドイツの軍人が抵抗運動者《レジスタン》たちをそう呼んでいたのですから。対抗する陣営はといえば、彼らのことを「ファシスト」と呼んでいました。したがって、あなたに隠すつもりはありません、私はわれわれが市民戦争のロジックに、あるいは純然たる戦争のロジックに入ってしまうことを恐れているのです。

――戦争ですって？　ずいぶん思い切ったことを言いますね。

今こうして話しているこの瞬間、明らかにウラジーミル・プーチンは事態の沈静化を模索していますよ。それが彼の利益なのです。なにしろ、ロシアの復興はまだ脆く、不確実でさえあるので、ロシアをまたも暴力と経済的、文化的停滞へと追いやることになる戦争は、あの国にどんな利益ももたらさないのですから。

ウクライナの暴走とヨーロッパの破産を止められるのは誰か？

私が心配しているのは、ウクライナのペトロ・ポロチェンコ大統領と新しい指導者たちが、ウクライナ社会がバラバラになっていくことに途方に暮れるあまり、むやみに先を急ぐというやり方で事態の打開を図りたくなるのではないかということです。いったい誰なら、彼らを止めることができるのでしょうか。

このウクライナ危機に乗じて、アメリカはNATOと、あの国がヨーロッパに持っているネットワークを再起動しました。しかし私には、アメリカは今では事の展開について行けず、ネイションの再来に当惑しているように見えます。

オバマ大統領は、ロシアと自国の間の揉め事に決着をつけるべく彼を利用しようとするドイツの指導者たちによって、煙に巻かれてしまいました。

かくいう私は親米左翼ですぞ！

また、スウェーデンがロシアに対して、ポーランドと共同戦線を張ろうとしているのも観察できます。スウェーデンはあたかも大北方戦争〔一七〇〇〜一七二一年〕、彼らの王であったカール一二世がウクライナのただ中、ポルタヴァの戦いで、ロシア軍を主力とする北方同盟陣営の軍に敗れて終わったあの戦争を再開しようとしているかのようです。

フランス人はといえば、いうまでもなく蚊帳の外です。

五月二二日〜二五日のヨーロッパ議会選挙でユーロを嫌う諸政党が擡頭したこと以上に、ウクライナにおける駆け引きとせめぎ合いこそがたぶん、新式ヨーロッパ、リスボン協定で生まれたヨーロッパの破産を明らかに確認させてくれる事態です。

――いやはや、心配と不安が絶えませんね。

そうはいっても、歴史とウクライナ社会の統計学的観察から引き出した仮説にすぎません。まだ何も決定されたわけではないし、私は理性と妥協が最終的に勝利することを願っています。

4　ユーロを打ち砕くことができる唯一の国、フランス

原　題　Emmanuel Todd: "le seul pays à même de casser la zone euro et sa logique destructrice, c'est la France"
聞き手　テオフィル・スールディーユ Théophile Sourdille
初　出　アトランティコ Atlantico.fr
二〇一四年六月一六日に発表、六月二〇日改訂
付　記　アメリカの国力の衰弱、ＥＵの内部分裂、そして国際的舞台へのロシアの復帰により、地政学的世界地図が描き直されつつある。新たなパラダイムの中で、フランスは自らの位置を見つけあぐねている。

イラク戦争時のロシアとヨーロッパの接近

――ウクライナに模範的デモクラシーが現れてきたと一時期信じたのち、ヨーロッパとアメリカの首相府や大統領官邸は、ロシア外交および東ヨーロッパ諸国の動きに不意を突かれたように見えます。どういう点で、ウクライナ問題への西洋の関与は誤解に基づいていた可能性があるのでしょうか？

改めて考えてみるときに私が驚くのは、この危機が、以前ヨーロッパに浮かび上がってきていたロジックと整合しないということです。

二一世紀初頭の頃は、いわゆる「ヨーロッパ」の諸国とロシアとの接近が印象的でした。世界で緊張の高まった時期に、この両者が共通の立場を確立したのでした。

二〇〇三年のトロワ〔フランス、シャンパーニュ地方の都市〕での会議はまだ記憶に新しいですね。あの折、仏のシラク大統領、露のプーチン大統領、そして独のシュレーダー首相の三者が一致して、イラクへのアメリカの介入に対して拒否を表明したのです。それを受けて大方の人びとは、旧大陸が全体として平和の方へ推移していくのに、ジョージ・

W・ブッシュのアメリカはブレジンスキーの路線に忠実で、ロシアに対する対決姿勢を維持し、かつてソ連の衛星国だった諸国を頼りにし、バルト三国とポーランドを反ロシア姿勢の特権的パートナーとしているという印象を抱いたのでした。

オバマ大統領による路線転換

バラク・オバマのホワイトハウス入りと時を同じくして、アメリカの姿勢が一変しました。オバマの路線は、当時私が察知したとおり、アメリカのパワーにとっての長期的脅威が存在するアジアに「外交基軸」をよりしっかりと据えるべく、イランおよびロシアとの緊張関係は緩和するというものだった。

ワシントンのこの撤退は、プーチンに接近して商業・エネルギー・産業における大々的なパートナーシップを完成させるというヨーロッパ諸国の意志、特にドイツの意志を強化する要因だったはずです。そうして、フランス＋ドイツ＋ロシアというエンジンに基づくバランスのとれたヨーロッパが姿を現す可能性がありました。

ところが、歴史はそれとはまったく異なる方向へ向かいました。これは否定し難い事実です。われわれはロシアとEUの間の対決のただ中におり、今やEUの経済的・外交的リーダーシップをとっているのはドイツです。

極端に振れるドイツの対露外交

この反転は、ドイツの姿勢の急速な変化によって説明できると思います。人はしばしば私のことをドイツ嫌いなどと決めつけますが、私は、次のように診断するからといって、自分が侮辱的であるとも、真実からかけ離れて見当違いをしているとも思いません。

あの国のエリートたちはロシアとの関係において、好意と紛争の間で絶え間なくためらい、揺れ、心理的・歴史的なある種の「二極性」の症状を呈しています。

この二元性はビスマルクからヴィルヘルム二世への横滑りに明らかです。前者はロシア皇帝の帝国のパートナーになることを願っていましたが、後者は唐突に悪循環に足を踏み入れ、ついには第一次大戦に突入しました。

もっと今日に近い時期のことを引き合いに出すなら、一九三九年八月に締結されたモロトフ・リッベントロップ協定〔独ソ不可侵条約〕が、早くも一九四一年にはヒトラーのロシア侵攻によって無効化されました。

ウクライナ問題をめぐるドイツの強硬姿勢

いつの日か、歴史家たちがシュレーダーからメルケルへの大転換に言及することになるでしょうか。

西側で主要なアクターであるのは、今や間違いなくドイツです。しかしドイツの行動には揺れがあり、攻撃的な時期があると思えば、妥協的な姿勢をとる退却の時期もあります。後者はたしかにだんだん短くなってきていますけれども。

現在の局面は、ドイツ外相シュタインマイアーのウクライナ訪問から始まりました。ウクライナの首都キエフにポーランド外相シコルスキーも姿を見せたということが、シュタインマイアーの任務がアグレッシブなものであったことの証です。

ポーランドがロシアに対して二極的であるというようなことは到底考えられません。ロシアに対するポーランドの敵意は恒常的で時代を越え、けっして鬱に転じることがない躁状態のようなものです。

フランス外相のローラン・ファビウスはといえば、あそこでも例によって自分が何をしているのか分かっていませんでしたね。彼の失態リストにまた一つ、レインボー・ウォーリア号事件〈R・ファビウス首相在任中の一九八五年、フランスの諜報機関DGSEにより、オークランドでグリンピースの活動船が爆破された事件〉が加わったようなものです。

リベラルで民主主義的な諸価値に関する駄弁は、ウクライナの極右とヨーロッパが手を結んだことによって嗤うべきものとなりましたが、ああした駄弁を超えて、あのキエフ訪問がわれわれの目に明らかにしたのは、ドイツの新たなパワー外交であり、その中期的目標はたぶん、ウクライナ〈統一されているか、分裂しているかは二義的な問題です〉を安い労働力市場として、自らの経済的影響ゾーンに併合することです。二〇〇三年のシュレーダーならば、絶対にやらなかったであろうオペレーションです。

ロシア嫌いの『ル・モンド』紙

——あなたの見方によれば、ウラジーミル・プーチンは紛争の激化ではなく、沈静化を狙うだろうということですね。では、西洋は何ひとつ理解しなかったのでしょうか？

私は自分の「キャリア」の始めに、ソビエトシステムの崩壊を予言する本〈『最後の転落』〉を出しました。ですから私に関して、退行的なソ連贔屓などという誹りは見当外れ。

そういうのは勘弁してほしいと思っています。

一方で私は、この二〇年の間に西洋のエリートたちの間にソ連贔屓どころか、正真正銘のロシア嫌いが育ったことを確認して愕然としています。なかんずくフランスのメディアがひどい。『ル・モンド』紙がポールポジションについて、錯乱の先頭に立っている。

ウクライナ情勢を追いかけるのに、私は『ガーディアン』紙、『デイリー・テレグラフ』紙、『ニューヨーク・タイムズ』紙、『ワシントン・ポスト』紙、『シュピーゲル』紙、さらに反ユダヤ主義についてはイスラエルの『ハアレツ』紙などのウェブサイトを参照しなくてはなりません。ことごとくロシアに対して敵対的ですが、それでもこれらの新聞には正確な情報が含まれています。『ル・モンド』紙は最も基礎的な情報を正確に伝えることすらしない。

西側メディアの非合理的な報道

かくしてここ数カ月のうちに私は、微妙にリベラルなやり方で全体主義をおこなう、現実界から切り離された低開発国に暮らしているかのような悩ましい感覚を味わいました。

いずれにせよ私は、ロシアの『ノーボスチ・ロシア通信社』のサイトを仏語版で、『イタルタス通信』のサイトを英語版で読まなくてはなりません。なぜなら、西洋のどんなメディアも、ロシアの視点についてわれわれに情報をもたらす能力を持ち合わせていないからです。

一例を挙げましょう。まずは地政学的な力関係の観点から分析すべき危機のただ中で、フランスのものであったり、アングロサクソンのものであったりする途方もない数の記事が、プーチン体制の「ホモフォビア」を叩きに叩くのを目撃するという、そんなことがありました。私は人類学者ですから、国際関係が合理主義的で現実主義的なロジックから逸脱し、未開社会ばりに道徳と道徳の間の対決に入っていくのを見れば、不安を覚えないわけにいきません。

文化的差異が大袈裟に話題にされ、しかもたいてい間違って捉えられています。ロシアの体制の男性優位主義やアンチフェミニズムの問題が、クリントン前国務長官に関するプーチンの最近の発言で蒸し返されてしまいましたが、そのこと自体、ロシアにおける女性の地位についての根本的な無知に起因しています。

ロシアの大学では男子学生一〇〇人に対して女子学生は一三〇人を数えるのですよ。それがフランスでは一一五人、アメリカでは一一〇人、そして……ドイツでは八三人です。

この基準から見ると、ロシアは世界でも女性の地位が最も高い国の一つであって、スウェーデン(男子学生一〇〇人に対して、女子学生一四〇人)に次いでいるのです。

ロシアの合理的な外交

ウクライナ危機におけるロシアの外交的観点は文化主義的ではなく、非常にシンプルです。つまり、ロシアの指導層はウクライナにNATOの基地を望まない。そんなところに基地を作られたのでは、バルト三国とポーランドから成る包囲網がいっそう強化されてしまうというわけです。

それだけのことなのです。

ロシアが望んでいるのは平和と安全です。自国の復興を完遂するためにロシアは平和と安全を必要としていて、クリミア半島で見られたとおり、今ではそれを獲得する手段を持っているのです。

最後に、人類学者からの助言を一つ付け加えます。自分たちの道徳観を地球全体に押し付けようとするアグレッシブな西洋人は、自分たちのほうがどうしようもなく少数派であり、量的に見れば父系制文化のほうが支配的だということを知ったほうがよろしい。

私は個人的には、われわれの生活様式が気に入っているし、フランスで同性婚が認められたことをとても喜ばしいと思っています。しかしそうしたことを文明と外交の領域で主要なリファレンスにするのは、千年戦争をおっぱじめることであり、その戦争はわれわれにとって勝ち目のない戦争なのです。

アメリカは自分が何をしているかを理解していない

——あなたはアメリカがウクライナ情勢に対応できていないと見るのですね。どうしてそう言えるのですか？

アメリカは自らどこへ向かっているのかが分かっていません。ヨーロッパで発生した危機を前にして、引き気味になったり、攻撃的になったりしている。体面を失うことを恐れているのですね。

二〇〇八年のグルジア問題〔グルジアの自治州・南オセチア州で、グルジアからの分離独立、ロシアへの併合を求める動きに関連した武力衝突〕で、ヨーロッパ大陸の庇護者としてのアメリカの信用はすでにいちじるしく傷つけられました。そのせいで帝国主義的な好戦性が戻ってきて、ウクライナで表面化しています。従来オバマが表明してきた「国民統合・経済再建」のドクトリンと正反対ですね。

私としては、この方針転換が一時的なものにすぎず、現在のホワイトハウスの主が自らの外政の舵をきちんと握り直すことを期待します。今のところその兆候がまったく見えないのですが……。

それでも私は、ウクライナへの軍事介入に対してアメリカ世論の多数派が依然として反対であることを踏まえ、自分の期待を完全に虚しいものとは必ずしも思っていません。

アメリカから自立したドイツ

クリミア併合という形でプーチンに乱暴にどやしつけられたアメリカですが、アメリカはもう一つ別の、もっと深い心配を抱えています。ドイツがアメリカの影響圏から完全に独立するのではないかという心配です。ブレジンスキーの『地政学で世界を読む——21世紀のユーラシア覇権ゲーム』〔山岡洋一訳、日経ビジネス人文庫、二〇〇三年〕は、現行の外交を理解する上で必須の文献ですが、それを読むと、戦後のアメリカのパワーがユーラシア大陸の二つの最も大きな産業の極、すなわち日本とドイツをコントロールすることで成立してきたということが分かります。

世界的経済危機を通してわれわれの目に明らかになったことの一つは、ホワイトハウスがベルリンに対して強制力を発揮することができず、その結果、緊縮経済政策を放棄させる、ユーロの通貨政策を変更させる、そしてより広くいえば世界経済再活性化のための措置に参加させる、といったことに成功しなかったという事実です。

公言されにくい真実をずばり言いましょう。今日、アメリカはドイツに対するコントロールを失ってしまって、そのことが露見しないようにウクライナでドイツに追随しているのです。

米露の協調こそ世界安定の鍵

アメリカのパワーの後退は本当に憂慮されるほどになって来ています。イラク第二の都市モスルがジハード勢力〔「イスラーム国」の前身、ＩＳＩＳ〕に奪われた後、ワシントンは衝撃から立ち直れていません。世界の安定性はしたがって、アメリカのパワーだけに依存するわけにいかないのです。

ここで私は、意外だと思われそうな仮説を提示します。ヨーロッパは不安定化し、硬直すると同時に冒険的になっています。

中国はおそらく経済成長の瓦解と大きな危機の寸前にいます。ロシアは一つの大きな現状維持勢力です。アメリカとロシアの新たなパートナーシップこそ、われわれ人類が「世界的無秩序」の中に沈没するという、現実となる可能性が日々増大している事態を回避するための鍵だろうと思います。

真のプレーヤーは米・露・独のみ

――これらの分析の中でフランスは完全にリングの外のようですね。

私の考えでは、フランスはウクライナ危機に過度に関与すべきでないと思います。自国の歴史と地理から見て、フランスはもともとウクライナから遠いのです。

フランスが具体的に果たすことのできる唯一の役割はドイツ政府の右腕となることでしょうが、「カール大帝路線」は、ドイツ外交の新たな方向性が持っている不安定化への潜在力を増大させてしまうだけです。

自立的なフランスのパワーという考えはここでは意味を成しません。ウクライナでの、そしてより広くいえばヨーロッパでのせめぎ合いの中で、現実に重みを持っているネイションは三つだけです。そのうち二つは再び勃興してきたネイション、ドイツとロシアです。もう一つは七〇年前から支配的なネイション、すなわちアメリカです。

ロシアが好戦的になることはありえない

――ウクライナにおける西洋陣営のこの十字軍はいったい何を意味しているのでしょうか。この十字軍に、西洋で日増しに大きくなってきているひとつの困難、自らを定義し、自らを取り巻くものを定義することの困難の兆候のようなものが見えるといっていいでしょうか？

実際、今日西洋人は自分たちが何者であるかが分からなくて四苦八苦しています。ドイツ人たちは平和主義と経済的膨張主義の間で迷っている。アメリカ人たちは帝国路線とネイション路線の間で揺れている。そしてフランス人たちは、この混迷の中でどこに身を置けばよいか本当に分からなくなってしまっている。

こうした事情の結果、次々に起こってくる事件を読み取る西洋のエリートたちの読み方が、かなり貧しく、薄っぺらなものになっています。だからこそ数多くのジャーナリストたちがこのところ、「プーチンの狙いは何なのか」としきりに論議するのです。

この論議が仄めかしたがっている前提、それは、「ヨーロッパ人」とアメリカ人はロシア人とは違う、自分たちが何をしたいのかを非常に明確に分かっている、ということにほかなりません。ところが真実はというと、それと正反対のことが起こっているのです。ロシア人たちは明確に定義された、かなり大きいけれども限定されたパワーへの意志を示しているのに、西洋はこの問題において明確で分かりやすいどんな目標も最終的に持っていないのです。

さらに、「ヨーロッパ人」と称せられるわれわれにとっては、もしかしたらロシア嫌いの感情だけが、今やたいしたものを意味しなくなってしまった政治的・通貨的空間を一つにまとめておくための鎖なのかもしれないとさえ言えます。

ネイションと歴史の再浮上の文脈において、そしてユーロ圏の衰退を背景として、西洋人たちのこの分別のなさは、単に滑稽であると同時に残念なものであるだけではなく、危険なものともなります。

しかしながら相対化すべきでしょう。われわれが抱えている問題には、逆説的なことに、ヨーロッパ大陸の安定に寄与する利点も含まれています。西ヨーロッパの人口は高齢で、今なお非常に富裕で、失うものをたくさん持っています。それに対してロシア人たちは、多くの被害をもたらした経済的衰退の年月の後、やっと「一息つく」ことができ始めたばかりです。死亡率の傾向が逆転し、経済が安定し、農業が再び伸び始めてきた。

ですから、賭けてもいいですよ。ロシア人たちはネイションへの帰属に正真正銘の誇りを持っているとはいえ、今日、コントロールの利かない好戦的妄想に突然陥るような状態にありません。

アメリカなしにヨーロッパは安定しない

――『帝国以後』の頃に比べ、ご見解の中で、アメリカに対する批判の度合いがずいぶん減っていますね。あなたは自分のことを「左翼の親米派」ということさえある……。

たしかに『帝国以後』はやや拙速にアンチ・アメリカの定番本のように見なされましたが、当時私は、あの本の中でも、またあの本のプロモーションのために応じたインタビューの中でも、けっして好き嫌いの感情で書いた本ではないと口を酸っぱくして言ったのですよ。

実のところ私は、ブレジンスキー氏の『地政学で世界を読む』の逆を突いたのです。ブレジンスキー氏は知的に優れているので、私としては尊敬せざるを得ない人物ですけれども、彼の夢は私の夢からはかなりかけ離れています。私の姿勢は結局、左翼民主主義者の姿勢であり、『帝国以後』も、北米ではそのようなポジションのものとして理解されたのですよ。

実際私は、ヨーロッパにおけるアメリカの優位は、政治体制としてのデモクラシーがそうであるように、さまざまな解決策の中で最もマシなものだと考えています。われわれの大陸がどれほどのイデオロギー的崩壊の中にあるかを思えば、致し方なしというところです。

仮にもしカウンター・パワーの原則、合衆国建国の父たちが格別に大切に思っていたあの原則が尊重されることがあるならば、そのときには私はアメリカの優位性を、不安を覚えることすらなしに受け入れることができると思います。ロシアは一種のガードレールとして、救いのような役割を果たし得るでしょう。あの国の現行の国内システムは全然私の趣味じゃないですけれども、それとこれとは別の話です。国際関係全体の安定性にとって有益なバランスがそれで保たれるだけでなく、アメリカにとっても利益です。人であれ国であれ、自分が全能だと思い込むのは健全なことではありません。

「仏独カップル」の挫折の後、一抹のアイロニーを込めて言うのですが、私は「米露カップル」がうまくいくかどうか試してみていいと思います。

この発言はどのような意味においてもアメリカモデルに対する「信仰」告白ではありません。単に、将来構想もアイデンティティも持ち合わせない今日のヨーロッパに対する不可避的な喪の気持ちに突き動かされて、こう考えるのです。

ヨーロッパはすでに死んでいる

——それにつけても、あなたは最近、新たなヨーロッパが破綻していると述べましたね。新しい政治を確定できずにいる西欧の無能さにおいて、旧大陸は特別な責任を負っているのでしょうか？

私の考えでは、ヨーロッパにはもはや何も期待できません。ユーロを厄介払いすることが自らの延命にとってきわめて重要な利益であるというのに、それすらできないような地域に、いったい何をまじめに期待することができるというのでしょうか。

この意味で私は今日、合衆国で起こることにより大きな関心を寄せていると白状しておきます。オバマの第一期は私には特に印象的ではありませんでした。が、二〇一二年の再選以降の彼の政治、とりわけウクライナ危機にいたるまでの外政は、見せかけでない革新的知性によるものだった……。

したがって本当の問題は、アメリカが自らの現状を維持できるかどうか、さらにはボールが跳ねるように反発してまた強くなることができるかどうか、それとも沈没し、衰退していくか、そこのところなのです。ヨーロッパのケースは、私見ではすでに決着してしまっています。

ユーロは機能していない

――一九九五年に『新ヨーロッパ大全』が再版された折、あなたはこう言っていましたね。「この本は二〇年後に、集団意識が存在しないなかで強引に進められた国家的統一が、なにゆえに社会ならぬジャングルを生み出したのかを理解させるだろう」と。今日、将来をどのように予想しますか？

たしかに過去に私は幾度か、予言的な「スクープ」に成功しました。ソ連の転落、アメリカの衰弱、「アラブの春」、生まれてきたときから死んでいたユーロの失敗などがそれです。

しかし、その私も、現況が呈しているまったく新しい様相には面食らっていることを認めざるを得ません。もちろん探究をやめはしませんが、前例のないファクターがたくさん出てきているため、予言的なことを言うのがほとんど不可能になっているということを認めざるを得ないのです。

ヨーロッパは今日裕福で、高齢で、とても文明化されており、さまざまなネイションの再生という異論の余地のないダイナミズムの存在にもかかわらず、平和でもあります。ヨーロッパでレイシズムが進んでいるなどと断定するのは、歴史を知らぬ誤謬です。

現代を一九七〇年代に比べるとき、人びとがさまざまな（身体的な、性的な……）差異に対してどれほど寛容になったかを私は確認し、感嘆します。われわれは、大規模な暴力、すなわち戦争が容易には考えられない世界に生きているのです。したがって私は、旧大陸のただ中に位置づけられる終末論的なシナリオに対しては、依然懐疑的です。

ユーロに関して今日明らかなことは、言語、構造、メンタリティの面で共通点が結局ほんのわずかしかない多様な社会が積み重なっている中では、この通貨はけっして機能しないということです。

他方で私の目に明らかなのは、ユーロ圏とその破壊的ロジックを打ち砕くことができそうな唯一の国はフランスだということです。

が、私は断念しました。自らの失敗の現実を直視し、別の考え方を採用する能力のある政治的エリートは、今日のフランスにはいません。

とはいえ、私は何よりもまず歴史家です。歴史は継続していくものです。たとえ愚か者たちに担われている歴史であっても、とにかく続いていくのです。そしてその歴史がちょうど加速しようとしている今、歴史を観察することができるという可能性が、私の市民としての悲しみを緩和してくれます。

5

オランドよ、さらば！——銀行に支配されるフランス国家

原題　Goodbye Hollande !
聞き手　オード・ランスラン、ローラン・ヌーマン Aude Lancelin et Laurent Neumann
初出　マリアンヌ Marianne
二〇一三年五月一二日
付記　大統領選挙から一年経った今、『不均衡という病――フランスの変容1980―2010』（エルヴェ・ル・ブラーズとの共著、石崎晴己訳、藤原書店、二〇一四年）の共著者である知識人エマニュエル・トッドが、『マリアンヌ』誌のために、裏切られた希望を総括する。

オランドの三つの失政

――六カ月前にお目にかかったとき、あなたはまだ、五年間の大統領任期の果てにフランソワ・オランドは脱皮して一種ルーズベルト的な巨人になるかもしれないという仮説を口にしておられた。今日、オランドが当選した日からほとんどぴったり一年になるのですが、彼はすでにもう失敗してしまったと見なしますか？

私でなくても、それは分かるよね。オランドにはチャンスがあった。もしかしたら二度目のチャンスがあるだろう。「セカンドチャンス」というアメリカ的概念が私はかなり好きでね。一回目のチャンス、これはもう決着した。何を確認して私がこの明白な事実を受け入れるに到ったかを言おう。

まず、税率七五%を強行することができなかった。フランス共和国大統領には国民投票という武器があるのに、彼は勝負に出なかった。

二つ目、労働市場改革でオランドはサルコジよりも右に行ってしまった。

三つ目、銀行システムの改革が骨抜きにされた。うわべを繕う変更がいくつか進行中だが、大摑みにいって実際上、フランスにおいて国家は相変わらず、四大銀行グループの投機の後ろ盾に留まるだろう。

政府債務は民間金融機関の発明

そしてカユザック事件〔オランド政権で予算担当相を務めていたカユザックがスイスの秘密口座を利用して納税逃れをしたとの疑惑で辞任した事件〕が起こった。当初私は、あの事件をイデオロギーに関する教訓としてお誂え向きだと思った。なにしろ、緊縮財政の保証人が腐敗した人間だと分かったのだからね。歴史の狡智というやつが働いて、システムを丸裸にした！

考えてみれば、ヨーロッパにはカユザックの同類が何人もいて、彼らはみな、銀行システムとの間に怪しげなつながりを持っている。イタリア人、マリオ・モンティは人徳の人としてわれわれに売り込まれたが、たとえばゴールドマン・サックスとつながっていた。カユザックは全体から離れて腐敗した一個の原子ではなく、システムの中の一部品だったのだ。

――そのシステムはどんな性質のものと考えているのですか？

カユザック事件で政府債務とは何であるのかが明らかになった。政府への貸し付けは、カール・マルクスが見抜いたとおり、富裕層の持つ金の安全化だ。政府債務は民間金融機関の発明なのだ。

緊縮、すなわち「政府債務を立て直す」というやつは、国家を私的利益に奉仕する立場に拘束し、いつの日か不可避的にやらなければならない唯一のことをできないようにすることだ。やらなければならないこととは、借金のデフォルトさ。支払いを拒否することだよ。

私はここで、支配的イデオロギーと真っ向から対立する立場にいる。ユーロという金銭が宗教となり、神となっているこの時代に「考えられないこと」の中にいる。

しかしだね、成長した経済の停滞は、社会構造の上層部に不用な金銭が蓄積されていることによるのだよ。

市場を再活性化し、デモクラシーを再建するためには、メーターをゼロに戻す必要があるんだ。これはもちろん、必要な部分についての話だ。全面的に、というわけではない。

私は革命には賛成しない。

カユザックのようなやつが取っ捕まるのは、だから悪くない。コマを先へと進ませてくれる。

率先して脱税する予算担当大臣

で、私はさらに考えた。私はかりそめにも高度な心理洞察家とはいえないが、その私でも、医者のくせに病気に罹った人びとの治癒を目指すより、せっせと植毛クリニックの営業にいそしむカユザックのような人物に出会ったら、こいつは金の亡者に違いないと勘づいただろう。ところがオランドは、そんな医者を大臣に抜擢した。いくらなんでも、倫理的におかしいじゃないか。

カユザックを選んだという事実が示唆するのは、大統領が倫理的本能を不十分にしか持ち合わせていないということだ。その後、大統領選挙に遡って、オランドがブールジェ市でアンチ富裕層の演説をしていたまさにあの時、彼の陣営の金庫番ジャン＝ジャック・オージエが、タックス・ヘイヴンとして有名なケイマン諸島に口座を持っていたと知った。脱力したね……。

場当たり的な「資産公開」は反民主主義的行為――国家と銀行の力関係

――その点に関して、慌てた政府が議員の資産公開を求めたわけですが、あのような政府の対応は、元予算担当大臣の不正行為と嘘から始まった危機との関係で的確だと思いましたか？

いや、あれは最悪だね、透明性に関して煙幕を張るあの試みは。あんなことをするなら、オランドはデモクラシーにとってひとつの脅威となる。彼自身が任命したカユザックが捕まった。そこで、彼はどうしたか？　政界全体を疑惑の対象として指差す挙に出た！　重大な反民主主義的行為だよ。

われわれはたしかに政権交代によって、反ムスリムで、反外国人で、反ロマ族のサルコジ政治が放っていたあの悪臭からは解放された。一年前、優先事項はサルコジを場外に出すことだった。だから私はオランドを支持したことをけっして謝りはしない！

しかし、社会党の政治家たちを見ていて不思議なのは、スケープゴートを指し示すというサルコジ流の戦略をやめた途端に、オランドも社会党も素っ裸で立ち尽くしてしまったことだ。
彼らの姿をとおして現実の力関係が見える。とりわけ国家と銀行の間の力関係がね。
私が思い浮かべるのは、小劇場〈カフェ・ドゥ・ラ・ガール〉のあの寸劇さ。暗闇の中に沈んでいる舞台。スポットライトが点灯する。一人の男が舞台中央の光の輪の中に現れる。素っ裸で――。これがオランドに起こっていることだね。

社会党の「銀行寄り路線」

――五年の大統領任期の初め、スケープゴートは金持ちたちで、指差されていた敵は金融界でしたね。右派のメディアは今日でもなお、富裕層に対する集中的な課税という強迫観念をしきりに持ち出します。たとえば金融取引への課税を決めた票決、ああいうのはあなたの目には完全なはったりと映るのですか?

金持ちたちはスケープゴートなんかじゃない。問題そのものだよ(笑)。
銀行改革の挫折はガエル・ジロー〔一九七〇年生まれのフランスの経済学者、数学者。イエズス会士でもある〕をはじめとする経済学者によってちゃんと分析された。あの方向転換を考察して私が結論したのは、社会党の内部に正真正銘の「銀行寄り路線」があって、これが党内左派に対してのみならず、地方に地盤を持つ議員たちの大半に対しても立ちはだかっているということだ。

あの改革を無効にしたのは、新進の社会党女性議員カリーヌ・ベルジェだった。この議員は、ウィキペディアを引用して言うと、議員になる直前までドイツの金融大手アリアンツ・グループの系列企業であるユーラーヘルメス信用保険会社で働いていた。彼女を助けたのが仲間のヴァレリー・ラボーで、この議員はソシエテ・ジェネラル銀行とBNPパリバの出身だ。この二人の女性は未来予見的なタイトルの本『「栄光の三〇年」〔一九四五年～七五年の高度経済成長期をフランスではこう呼ぶ〕は未来にあり』を共著で出している。

ロスチャイルド銀行出身で、まだ年若いけれども大統領府の副事務長を務めているエマニュエル・マクロン〔二〇一四年八月組閣のヴァルス内閣で経済・産業・デジタル大臣に就任した〕のような連中の名前を挙げることもできるだろう。

これらの人物の過去は銀行システムの中にあり、二〇一七年の大統領選挙と国民議会選挙以降、議会に社会党議員は一握りとなる見込みだから、彼らの将来も銀行システムの中にある。

したがって、「マーニ・プリーテ（清潔な手）」（イタリアの諸政党に蔓延していた腐敗を明るみに出すためにミラノの検察庁が一九九二年二月に始めた捜査）の現代フランス版オペレーションなど、まさにスキャンダルだ。

ネオリベラリズムの正体——銀行が国家をコントロールしている

それにしても、スポーツ相が原付を何台持っているかなんて、そんなことを市民が知ってどうするんだ？　まったくどうでもいいことじゃないか。

決定的なのは諸銀行と歳入監査局、あるいは会計院との間の相互作用のあり方を示す組織図を手に入れることだろう。政治学の観点から見て、権力は国家の金融中枢と民間の金融中枢の間のそうしたつながりの中にあるのだからね。

この問題を基点にして、一九八〇年代以降のフランス流「ネオリベラリズム」の歴史を通覧することができるよ。金融権力はもともとは廉直で愛国的なド・ゴール主義の高級官僚らの手中にあったのだが、それが民間セクターに移行した。唯一保存されたのがシステムの超集権的性格だった。

——ベルリンの壁が壊れた後の九〇年代ロシアで、寡頭政治家たちの登場とともに起こったことに少し似ていますね……。

もちろんさ。ロシアでは国家がすべてであって、ソ連崩壊後、同じ人間たちが民営化されたものの舵取りをした。フランスのシステムをトーテムのように体現していたのは、あの小さな世界のボスになったミシェル・ペブロだった。ここでもまたウィキペディアのページを引用するよ。次のとおりだ。

「ミシェル・ペブロは行政府を離れて一九八二年にフランス商業銀行に入社。彼は二つの銀行の民営化を手がけ、その社長を務めた。まず、一九八六年から一九九三年までフランス商業銀行の社長。その後、一九九三年に民営化されたパリ国立銀行の社長、そして二〇〇〇年以降はパリ国立銀行がパリバを合併してできたBNPパリバの社長」

国立行政学院（ENA）をトップクラスの順位で卒業する若者たち——彼らは最も優秀なのではなく、上の者に評価されるようにせっせと頑張る精神的・社会的能力が高いのだ——は歳入監査局や会計院に入り、その後、各省庁の大臣官房に、そしてもちろん、財務省に入っていく。重要閣僚も自分たちの官房長を選ぶ自由を持たず、むしろ官房長たちの監視の下で生きるのだよ。

これらの青年たちにとって、将来は民間セクターにある。だから前もって支払うのさ！彼らは銀行の改革を葬り去る。そして彼らの庇護者たちに選ばれてそれらの銀行や民間の大企業に移る。

このメカニズムを透明にすること、それこそがわれわれの必要としているものだ。今日、白日の下に晒された真実――オランドの政治は、ほかでもないその大失敗によって、依然として革命的な影響を及ぼす――それは、銀行が国家の機関をコントロールしているということなのだ。

政治家に「透明性」を求める銀行

――あなたがお話しになっていること、それは正確に、すでにニコラ・サルコジに対して向けられていた主要な批難です。二〇〇八年の大金融危機のとき、人びとはニコラ・サルコジが危機からの脱出方法を銀行家たちと相談して決めたということを問題にした。この批難は、今日オバマに対して浴びせられている批難と同じです……。

経済危機が寡頭政治を露見させるわけだ。この分析を最後まで徹底するなら、こう言えるよ。透明性を要求して議会を攻撃するのはもはや行政ではなく、銀行システムである、とね。

パトリック・ヴェイル〔移民問題や国籍法問題に詳しい政治学者。一九五六年生まれ〕の言っていることが正しい。議員でありつつ地方の首長にもなる兼任を禁止しようとする運動をやめよう。兼任は、議員が地方に基盤を持つことを可能にして、彼らが行政と銀行の権力に抵抗するのを助ける。

オランド大統領は「マルク圏」の地方代表

――大統領選挙からまだ一年も経っていないのに、フランソワ・オランドへの国民の信頼は見るからにガタ落ちです。この苦境を脱するために、彼にどんな方策がありますかね？

フランスがユーロ圏にとどまっているかぎり、どんな行動を起こすと言い張っても、すべて冗談でしかないよ。

オランドは、「マルク圏」の中のローカルな大統領にすぎない。現実には、われわれはフランス銀行がいわゆる「二〇〇家族」〔かつてフランス経済は、金融資本を握る約二〇〇の家族に牛耳られていると言われていた〕の専有物であった時代に戻ってしまったのだ。ただし、今日すべてを仕切っているのはもはやフランスの「二〇〇家族」ではなく、ドイツなのだけれども。

真の権力中枢はメルケルでなくドイツ経済界

——ということは、アンゲラ・メルケル首相と真っ向対決することが必要という考えに賛同するのですね？　経済の悪循環を断ち切り、ふたたび成長を見出し、そして左翼を再強化するために……。

メルケルを攻略するというのは、フランス社会党の最後の幻想だよ。とりもなおさず、代理人を攻略するということだからね。

メルケルよりも、その背後のドイツ経済界こそが、ユーロ圏が吹っ飛んでしまうのを嫌がっている。ドイツ式に組織されたあちらの経営者たちの支持のおかげで、マリオ・ドラギ欧州中央銀行総裁は銀行救済政策をやれるのだよ。

彼らは隣国フランスの産業を最終的にボコボコにしてしまおうとしているのだが、それにはまだあと四年はかかる。ちょうど、オランドの大統領任期が続く長さだ。

現況はだな、こんなふうに図式化できるよ……（一枚の紙を取り出し、ペンで図を描く）。

紙の上の方に、「ドイツの経営者団体」。

そのすぐ下に、少し離して、「メルケル、ヨーロッパ保護領（！）管理担当」。

ドイツの経営者団体に直接仕える形で、「欧州中央銀行」。

欧州中央銀行に仕える形で、「フランスの諸銀行」。

諸銀行のコントロールの下に、「経済財務省の会計検査官たちと、ピエール・モスコヴィッチ〔当時、経済財務大臣〕、広報（！）担当」。

そして、いちばん下に、「フランソワ・オランド」。

オランドには、これといった特定の役割は見出せない。だから、こう書こう。「無」（笑）。

ヨーロッパとはドイツ覇権の下で定期的に自殺する大陸？

――しかし、まだ完全には答えてくれていませんよ。あなたが今日話してくれたことを踏まえて訊ねるのですが、ドイツと正面交渉をするというのは、フランス社会党としてそんなに拙い考え方でしょうか？

社会党の諸君は、ドイツ社会民主党が政権に返り咲いたら事情が大きく変わると信じたがっている。大統領選の前にも、ある社会党支部の面々を前にしての討論会で、先ほど名前を挙げたカリーヌ・ベルジェが私にその説を突きつけてきたことがあった。

しかし、ドイツで社会的に最も苛酷な改革を実施したのは、ゲアハルト・シュレーダーが首相だった時期〔一九九八年一〇月二七日～二〇〇五年一一月二二日〕なのだ。

ドイツの社会民主主義は、歴史的にも地理的にも、プロテスタンティズムの、したがってナショナリズムの系譜の中にある。彼らを相手にするのは実は、キリスト教民主同盟と付き合う以上に厄介だと思うよ。

というわけで明白に、ドイツはまさに問題なのだ。フランスの政治家たちは、自国の民衆や中小企業に対してはあんなに苛酷なくせに、仏独友好については今でもまだクマのぬいぐるみを抱いて遊んでいるような段階に止まっている。

しかしドイツは、すでに二度にわたってヨーロッパ大陸を決定的な危機に晒した国であり、人間の非合理性の集積地の一つだ。ドイツの「例外的」に素晴らしい経済的パフォーマンスは、あの国がつねに「例外的」であることの証拠ではないか。

ドイツというのは、計り知れないほどに巨大な文化だが、人間存在の複雑さを視野から失いがちで、アンバランスであるがゆえに恐ろしい文化でもある。

ドイツが頑固に緊縮経済を押しつけ、その結果ヨーロッパが世界経済の中で見通しのつかぬ黒い穴のようになったのを見るにつけ、問わないわけにはいかない。ヨーロッパは、二〇世紀の初め以来、ドイツのリーダーシップの下で定期的に自殺する大陸なのではないか、と。

そう、ドイツに対しては「予防原則」が適用されるべきだ！　このように言うのは、卑劣な外国嫌いの態度ではない。歴史に学ぶ単なる良識だ。ましてあの国は、われわれの指導者たちの知らぬ間にパワーの論理に入っているのだから。

ドイツにとって、ヨーロッパで覇権を持続的に保持する上での唯一の障害は、過去にそうであったように今日もやはりフランスだ。経済の面でフランスが最終的に潰え去ってしまわない限りは。
しかし、この明白なことを認めるのが、われわれにとっては難しい。それは私も理解できる。このような力関係にふたたびお目にかかることはもはや絶対にないだろうと、あれほど強く思っていたのだから。

オランド大統領にした助言

――二、三カ月前、大統領があなたをエリゼ宮〈大統領府〉での朝食会に招きましたよね。彼にどんな助言をしましたか？

ほんの僅かしか憶えていないのだけれど、憶えていることの一つは、彼がプロテスタンティズムのヨーロッパが存在していることを意識したと言い、フィンランド人がドイツ人にもまして非妥協的だということについて冗談を言っていたことだね。
私が大統領に示唆したのは、ユーロが今後存続していけるかどうかについての検討委員会を設置し、そこに正統派の経済学者たちと、ジャック・サピール、ジャン＝リュック・グレオ、ガエル・ジロー、ポール・ジョリオン、フレデリック・ロルドンのような批判的経済学者たちの混合形態にすればいいということだった。そんな委員会が存在していれば、それだけでドイツに睨みをきかせ、ユーロ安へとプッシュすることになっただろう。

しかし、フランスの指導階層の知的・道徳的な至らなさの究極の証拠がここに現れたね。極右政党〈国民戦線〉を別にすると誰ひとり、ユーロの存続可能性という問題を提起しないのだ。絶え間もなくユーロを救うために、失業率をうなぎ登りにし、所得を押し下げる結果になっているというのに。〈左翼党〉のジャン＝リュック・メランションでさえ、ついにそれができない。社会党左派、マリ＝ノエル・リーヌマンやエマニュエル・モレルたちもそれだけの器量がなく、自由貿易経済においては不可能で、ドイツの産業力をよりいっそう強化することにしかつながらない景気刺激策を提案する始末だ。

そして、フランスでは中心的制度とさえいえる『ル・モンド』紙や、オールタナティヴを謳っているはずの雑誌『アルテルナティヴ・エコノミック』のユーロ最屓迎合主義については、何をか言わんや。こういったことすべての方向をチェンジするには、オランドはドゴール以上の器でなければならない。

ところが、彼は言ってしまったのだ。自分は「普通」でしかないとね〔大統領選当選直後、オランドは、奇矯な振る舞いの多かったサルコジ前大統領との違いを際立たせるべく、「普通の」大統領になると表明した」。さらに、「並み」だとさえも言ったのだ。

わずかに残っている希望を、私は議会の反抗に捧げようと思う。

私の幻想はどんなものかだって？　国民議会が大統領によって、いや失礼、銀行システムによって解散させられる。ところが議員たちが、いい加減にしろと激昂した社会を支えにし、それぞれの選挙区へ散っていくことを拒否する……。しかし人は、オランドのことを、一度真面目に受け取ってしまった人間の言うことを、真面目に受け取ってくれるかなあ？

6　ドイツとは何か？

原　題　Emmanuel Todd: la France n'est pas l'Allemagne, ce n'est pas germanophobe de le dire
聞き手　フィリップ・コーエン Philippe Cohen
初　出　マリアンヌ Marianne
二〇一一年一二月一三日

付　記　アルノー・モントブールの大胆発言から始まった論争を好機として、人類学者エマニュエル・トッドがフランスの指導層のドイツ追随を問題にする。彼によれば新条約の輪郭は、サルコジ、フィヨンおよびジュッペが、フランスのブルジョワジーに伝統的な自主的隷属から純然たる隷属に移行したということを示している。あたかも彼らが代表しているのが、きわめて狭隘な意味でフランスの諸銀行の利益だけであるかのように。

「ドイツ嫌い」をめぐる論争

――アルノー・モントブールやフランス社会党のその他数人の指導的政治家たちが、ヨーロッパの経済危機におけるドイツの責任者たちの行動を強く批判した言葉から、「ドイツ嫌い」についての論争が生まれました。あなたの判断では、この論争は無益ですか、それとも意味がありますか？

有益ですよ。しかし、やるなら徹底してやらなくてはいけない。

印象的だと思ったのは、保守派の指導者たちが何の後ろめたさも感じていない様子だったことです。彼らは、真の問題を提起した数少ない政治家たちを逆に威圧できるつもりでいました。

フランス文化の偉大さは普遍的人間という概念を提示し、堅持するところにあるのですが、その大きな弱点は、ほかでもないその普遍主義のゆえに、さまざまに異なる社会を異なるままに分析する能力に欠けるという点にあります。

「戦後」が続いている間は、ドイツの持つ差異ないし特異性への言及を控えるのは望ましい政治的態度でした。しかし、われわれの時代はもはや「戦後」ではありません。ヨーロッパでは、どの国も戦争を仕掛けはしません。その一方で新たな経済問題が、諸国民の文化や習俗の違いに大きく起因する経済問題が現れています。

したがって、われわれはドイツに特徴的な行動を分析し、その人類学的な起源を捉えなければなりません。ヨーロッパの孕む諸矛盾がどういう性質のもので、その深部はどうなっているのかを理解するためです。

ドイツの特異性とは何か？

――ドイツのその特異性とは何なのかを明確に教えてくれませんか？

ドイツはグローバリゼーションに対して特殊なやり方で適応しました。部品製造を部分的にユーロ圏の外の東ヨーロッパへ移転して、非常に安い労働力を利用したのです。国内では競争的なディスインフレ政策を採り、給与総額を抑制しました。ドイツの平均給与はこの一〇年で四・二％低下したのですよ。

ドイツはこうして、中国――この国は給与水準が二〇倍も低く、この国との関係におけるドイツの貿易赤字はフランスのそれと同程度で、二〇〇〇万ユーロ前後です――に対してではなく、社会文化的要因ゆえに賃金抑制策など考えられないユーロ圏の他の国々に対して、競争上有利な立場を獲得しました。

ユーロのせいでスペイン、フランス、イタリアその他のEU諸国は平価切り下げを構造的に妨げられ、ユーロ圏はドイツからの輸出だけが一方的に伸びる空間となりました。こうしてユーロ創設以来、ドイツとそのパートナーの国々との間の貿易不均衡が顕著化してきたのです。

よく吹聴されていることに反して、ヨーロッパのリアルな問題はユーロ圏の内部の貿易赤字です。貿易赤字を遠因とする現象にすぎない歳出超過予算ではないのです。

ドイツのこのような政策は、明白なこと、誰もが知っていることとして、何年も前からグザビエ・タンボーやパトリック・アルテュのような「主流派」経済学者たちをも含む多くの専門家たちによって分析されてきました。

ドイツについて語るのを控え続けることは、とりもなおさず、ユーロの危機についてのよい診断書を提出することを自らに禁じることです。

したがって、いったいなぜ、大統領サルコジ、首相のフィヨンおよび外相のジュッペが彼らのスピーチの中で、ドイツのこの非常に特殊な経済的戦略に言及しないのかを問う必要があります。

フランス人が発明し、ドイツ人が利用したユーロ

——でも、サルコジは南仏トゥーロン市での演説でドイツの持つトラウマに言及しましたよ。一九二〇年代のハイパーインフレ以来のものだと言ってね。

まさにそれが興味深いのです！　トラウマが言及されたということ。われわれが言及することのできる唯一のドイツ的特性が病理に類するということ。

ドイツ嫌いと闘っていると思われている連中が実は、ドイツとは大きな病人であるからけっして乱暴に扱ってはいけない、乱暴に扱ったら最後、かつての逸脱にも増して恐るべき逸脱を見るリスクを冒すことになってしまうから……といったふうにドイツを捉えて、その前で痙攣し、身動きできなくなっているようなのです。ニコラ・サルコジと、彼同様にドイツには格別の配慮をしなくてはと考える連中は、二〇世紀の混濁した歴史の中に閉じ込められています。

彼らが未だに思い到らないのは次のことです。つまり、ドイツはフランスとは異なるけれども、強みと弱みを持つ正常な国だということ。ドイツは、単一通貨の考案者たち——彼らはフランス人でした——の過失により、支配的なポジションに置かれてしまったのです。特にそれを望んでいたわけではないのにね。

ドイツはこのポジションから利益を引き出しています。なぜなら、誰もが遠慮して、ひと言も文句を言わないからです。

もし人がフランスの政治的・経済的エリートたちに顕著なドイツ・ノイローゼから解放された自由な立場に立てば、ひとつのノーマルな世界の分析に立ち帰ることになります。すなわち、経済的・戦略的な力関係の世界です。そして、そこには、ドイツがヨーロッパのパートナーである国々と何ら協議することなしに策定した特定の戦略を展開しているありさまが見えてきます。

単独行動を始めたドイツ

一例を挙げておきましょう。大陸全体に関わるマターであるにもかかわらず、ドイツは近隣国とどんな事前協議もすることなしに、脱原発を選びましたね。この政策はロシアとの戦略的合意を予想させますが、誰ひとり、特にエコロジストは、公共の場での討論でこの点に言及しません。

ドイツに対するフランス側のノイローゼ、すなわち、ドイツをあるがままに見ることのできない精神状態が現実に存在します。その精神状態のせいで、ドイツがヨーロッパの連帯といった考えから隔絶した特異な戦略を相当なところまで作り上げているのを直視できなくなっています。

イギリス嫌いの系譜に連なる幾人かのヨーロッパ統合優先主義者たちは、ヨーロッパ経済危機の最後の段階でイギリスが孤立したことを喜びましたね。彼らは健忘症です。フランスのいちばん最近の戦争が、変わらぬ同盟国イギリスと組んでリビアに介入し、ドイツの否定的な視線を浴びながら遂行した作戦であったということを早くも忘れてしまったようです。

一方、ドイツの態度は申し分なく一貫しています。ドイツは、それが可能なときには毎度、地中海におけるフランスの行動に立ちはだかろうとします。あのアンリ・ゲノー〔二〇〇七年五月から二〇一二年五月まで、サルコジ大統領の特別補佐官〕からして、ドイツの一貫した戦略の犠牲者の一人です。彼が構想した地中海連合をノックアウトされましたからね。

ゲルマン人の家族構造とドイツ経済

――ドイツ人たちは、自分たちのことがそんなふうに話されるのを、つまり、まるでわれわれと異なる人間であるかのように話されるのを聞いたら、ショックを受けるのではないですか？

いいえ、それどころか、彼らはあるがままの姿で存在する権利をようやく手に入れてほっとすることでしょう。なにしろ、フランスの伝統とは違って、ドイツの文化的土台は普遍的人間という理念ではないのです。ドイツ人にとっては、文化は国や地域で大きく異なる、そしてそれぞれの経済的適性も異なる、と考えるのが自然なのです。

例を引きます。ちょうど、非常に面白い本を読んだばかりなのですよ。ドイツでコンサルティングファームを経営しているハーマン・サイモンが書いた『グローバルビジネスの隠れたチャンピオン企業――あの中堅企業はなぜ成功しているのか』

〔上田隆穂監訳、渡部典子訳、中央経済社、二〇一二年〕がそれです。この本が世界中を視野に入れて研究したのは、特定のニッチに対して品質とテクノロジーで決定的な強みを持ち、グローバリゼーションを利用して成功した中小企業です。

著者は、ゲルマン人の世界――ドイツだけでなく、スイスのドイツ語圏、オーストリア、スカンジナビア――がこの種の企業を生み育てやすい土壌だと言っています。要するに、この分析は経済のエスニックなビジョンを提示しているのです。著者は、これらの企業が農村部に入り込んでいることや、その権威の構造に家族的・家父長的性格が見られることを強調しています。

――サイモンの言っていることを信じるべきでしょうか？

サイモンが描写している法則は絶対的なものではありません。類似の輸出中小企業の多いゾーンは日本にも、ヴァンデ地方やローヌ＝アルプ地方など、フランスの二、三の地域にもあります。サイモンが注目した現象は、ドイツのケースを超えて、地球規模で人類学的分析の対象になるものです。

ドイツと日本の類似性

家族社会学で直系家族と呼ばれる家族形態があります。長男を跡継ぎにし、長男の家族を両親と同居させ、他の兄弟姉妹を長男の下位に位置づける農村の家族システムです。

さて、この種の家族はたしかに今ではもはや先進国に存在しないのですが、それでも、長年の間に培った権威、不平等、規律といった諸価値を、つまり、あらゆる形におけるヒエラルキーを、現代の産業社会・ポスト産業社会に伝えました。

この見地からいえば、まさにここで私はドイツ嫌いなどという嫌疑を払拭できると思うのですが、日本はドイツとほとんど違いません。

日本社会とドイツ社会は、元来の家族構造も似ており、経済面でも非常に類似しています。産業力が逞しく、貿易収支が黒字だということですね。差異もあります。日本の文化が他人を傷つけないようにする、遠慮するという願望に取り憑かれているのに対し、ドイツ文化はむき出しの率直さを価値付けます。

——両国の人口の高齢化はもう一つの類似性ですね。

この二国は世界で最も高齢化した人口の国です。人口構成の中央値が四四歳なのです。フランスではそれが四〇歳なのですが。

出生率は、フランスで女性一名あたり二人ですが、一・三人から一・四人の間で揺れ動いています。出生率のこのような差の背景にはもちろん、女性の地位の差があります。フランスでは女性は仕事と子供の育児を両立させることができますが、ドイツや日本ではどちらかを選ばなければならないことが多い。

ドイツとフランスのちがい

——フランスの家族も昔はだいたい同じようなものだったのではないですか?

パリ盆地の家族は直系家族とは正反対の原則の上に形成されていました。結婚適齢期に達した子供は自律的な家族ユニットを築くのが当然とされていたのです。遺産は男女関係なく子供全員に平等に分け与えられました。このシステムが培った価値は自由と平等です。自由と平等が、フランス共和国の標語となる以前に、暗黙のうちに家族の標語だったわけです。

――人口学的に観察される制度の違いによって、行動上の相違が説明され得るわけですね？

ドイツとフランスに関する真実は、すべてが異なるということなのです。人口様態も、女性の地位も、家族の相互関係も、産業構造も……。

しかし、なぜこの多様性を恐れなければならないのでしょうか。受け容れがたいのは、こうした差異が存在しないかのように振る舞うことです。ニコラ・サルコジが『ル・モンド』紙のインタビューに答えて、「われわれにドイツと食い違ったことをする権利はない。食い違いは衝突につながるから」（二〇一一年一二月一三日付）と言っていましたが、あれでもって、仏独の状況と関係について彼が何ひとつ理解していないことが判明しました。

彼の統治下で貿易のアンバランスが測り知れぬほどになったことを念頭に置けば、わが国の大統領の現実感覚について深刻な疑問を投げかける必要がありますよ。実際、あのちんぷんかんぷんの内容の談話はまるごと、フランス大統領の現実感覚を疑わせます。

――でもどうしてドイツ人は、フランス人が拒否するもの、経済の引き締めや緊縮財政を受け容れるのですか？

そうした規律と上下関係という価値が浸透しているがゆえに、ドイツでは人びとが競争的なインフレ抑制策を受け容れたのです。個々人をかつては家族に、今日では集団に組み込むそうした価値のおかげで、国全体としての経営戦略を一致協力して合議するほどにまで組織された経営者団体も現れてくることができたのです。アンゲラ・メルケルはたぶん、その利益を代表しているにすぎません。

ドイツと日本のちがい

――あなたの分析は、ドイツ文化の中に何か異常なものを想定していませんか？

いいえ、ドイツ文化は完全に正常です！

ただ、すべての人間文化がそうであるように、ドイツ文化にも非合理なところがあるのです。

ネオリベラリズムのシステムが危機に陥っています。内部矛盾のせいで崩壊するのです。すると、各国民はその国民なりのやり方で、それぞれ元々の文化に立ち帰ることによって対応します。

因みに、私がこのことを強く印象づけられたのは、最近日本へ行き、津波で荒らされた地域を訪れた折でした。日本人の伝統的社会文化の中心を成すさまざまなグループ――共同体、会社など――の間の水平の連帯関係が、事態に対応できなくなった政治制度に代わって、地域の再建・復興を支えていたのです。

ドイツに比べ、日本では権威がより分散的で、つねに垂直的であるとは限らず、より慇懃でもあります。

このたびキャメロンとイギリス人たちは独仏の路線を敬遠したわけですが、あの拒否はおそらく、イギリスがその文化の最も深い部分――すなわち、自由への絶対的なこだわり（もっとも、この感覚はネイションへの集団的帰属を排除しない）――へ、危機を乗り越えるための手立てを探しに降りていく時期の初めを画するのでしょう。

ドイツ経済がグローバリゼーションに適応したのも、ドイツ本来のあり方への立ち帰りと伝統的社会文化の強化を通してでした。

ドイツ文化の二つの危険性

それはそれでよいのですが、権威主義的文化はつねに二つの問題を抱えています。一つはメンタルな硬直性、そして、もう一つはリーダーの心理的不安です。すべてがスムーズに機能する階層構造の中にいると皆の居心地がよいのですが、ピラミッドの頂点にいるリーダーだけは煩悶に苛まれます。

――あなたの念頭にあるのはヒトラーですか？

いや、むしろヴィルヘルム二世です。また、誰ひとりとして誰がそう決めたのか知らないうちに戦争に突入してしまった日本軍のことも考えています。

硬直性のほうは、しばしば乗り越え得るものです。

ドイツ経済界のトップたちは、ユーロの死が彼らを危険に陥れることをよく理解しています。ユーロがなくなれば、フランスやイタリアが平価切り下げに踏み切る可能性をふたたび手に入れますからね。そうすると、それらの国の企業がドイツ企業に対しても競争力で上回るかもしれない。ですから、ドイツ経済界のトップたちの振る舞いは合理的かつ実際的です。彼らの意向はユーロの救出であり、アンゲラ・メルケルはそれに従う。

しかし、各国の憲法にまで経済運営の絶対的規則を書き込もうとする意志の内に、私は不安の表現を感じ取ります。まるで自由な人民と理性的な最高指導者を退場させ、その代わりに、最終的な権限をもってドイツ人たちの問題を決定する自動的な権威を戴こうとしているかのようです。

「財政規律の重視」はドイツの病理

「財政のゴールデン・ルール」と呼ばれている概念は、人間活動のうちの一つの要素をいわば「歴史の外／問題の外」に置いてしまおうとするもので、本質的に病的だといわなければなりません。それなのに、フランスの指導者たちはこの病理を助長し、励まし、ドイツの権威主義的文化をそれがもともと持っている危険な傾斜の方へと後押ししたのです。

――そういうビジョンは少し古くないですか？　国民性をそうやってタイプに分ける見方

は、現代では相当に覆されてしまっているのでは？

あのね、よく聴いてください。私の説をよく理解してもらうために、唐突と思われるかもしれない例を引きます。

われわれは今、フランスの道路を走行しているとします。憲兵たちが道路脇に隠れて、スピード違反を摘発しようとしている。すると大抵、フランス人の軽犯罪者コミュニティともいうべきものが自然発生し、対向車線でヘッドライトを点滅させ、気をつけろよと教えてくれますね。

今度は、ドイツにいると仮定しましょう。誰かが違法駐車をしている。と、近所の人が警察を呼びますよ。フランス人にとっては、これこそショッキングな話でしょう。

ある国や地域で経済が具体的にどう動くかというところに注目すると、権威との基本的関係を明らかにするこうした社会的行動の標準型と関係があるのだと分かります。ですから、良し悪しの判断は抜きにして、その代わりここでキッパリと、フランスとドイツは一つではなく二つであって、異なる世界なのだということを認めましょう。

「財政のゴールデン・ルール」は、この二つの世界のうちの一つにおいてはひとつの意味を、病的な意味ではあるけれども、とにかく意味を持っているのに対し、もう一つの世界ではどんな意味も持ちません。

もしそうでないというならば、日頃ドイツを模範にせよと言っているフランスの政治家たちは勇気を振り絞り、われわれに対して、近所の人が違法駐車をしたときにはその隣人のことを警察に告げ口せよと求めなければ筋が通りません。第一、未来のヨーロッパ条約に書き込まれる「財政のゴールデン・ルール」は、各国に完全に取り入れられる規律だけでなく、隣国の予算を監視することまでも前提にしているのですよ。

――あなたの話を聴いていると、今にもビスマルクの名前が出てきそうです。要するに、ドイツ嫌いなのじゃないですか？

いや、違う。ここまでお話ししてきたのは、アメリカの伝統を受け継いで文化というファクターに注目する人類学の一端です。

ビスマルクに関していえば、私はここで告白しておかなくちゃなりません。

あれは実に見上げた人物だと思っているのです。いったんドイツ統一を成し遂げたとき、彼はそこで止まりましたね。限定的な目標を達成して、そこで止まる器量のあった稀有の征服者です。ナポレオンやヴィルヘルム二世とは大違いです。

——それでも、ドイツ人たちはすでにドイツ再統一のために高い代償を払ったと感じているわけで、その彼らが、この上ギリシャやイタリアの赤字まで賄いたくないと思うのは無理もないですよ。

ドイツの一般人を全体として捉えれば、どんなメカニズムが働いて南欧諸国が大きな貿易赤字を抱えるようになり、その結果として歳出超過予算の状態に陥ったかを彼らが知らなくても、それはまったく責められることではありません。まして、ドイツの輸出の好調さの果実が彼らにはあまり回って行っていないのですから。

フランスがドイツに隷属する背景

——フランス政府の服従をどう説明しますか？　モントワール・シンドロームでしょうか？〔モントワール＝シュール＝ル＝ロワールはフランス中部の町。一九四〇年一〇月二四日、

この町で、当時フランス国の元首となっていたペタン元帥がヒトラーと会見し、対独協力を開始した〕

現在のフランスの指導層の振る舞いの源流を探すなら、私が目を向けるのはヴィシー政権の方ではありません。

なぜならまず、あの当時の強大なドイツ国防軍《ヴェアマハト》はもはや存在しないからです。

次に、フランスは核兵器を保持しているからです。

思うに、現代フランスの上層階級の行動の基礎には二つのファクターがあります。最初に挙げるべきは、フランス人ブルジョワの昔から持っている願望の幻でしょう。すなわち、「ああ、治める相手が規律正しい民だったらどんなによいことか！」というやつです。

しかし、フランスとドイツのそれぞれの指導層の間には、かなり新しい何かが発生しています。世界のすべての先進国社会に共通する特徴の一つは、人口の一％を占める最富裕層が、銀行システムと金融活動に強く結びついたグループとして出現しているということです。ひとつの新しい関係がフランスの一％とドイツの一％の間に定着しつつあります。単一通貨とヨーロッパ中央銀行の設置によって、フランスの寡占支配者たちに対するドイツの寡占支配者たちの支配が確立されつつあるのです。
これは歴史上初めてのことです。

独自通貨をもたない国家の悲惨

今日われわれはヨーロッパで、国家が通貨を創る能力を失った事態に直面していますね。その一方で、銀行は相変わらず、銀行としての権限を保持しています。ただし、その権限が事実上、ヨーロッパ中央銀行の監督下に置かれていることは見逃せません。

人類学者というのは、ヨーロッパ中央銀行の定款よりも、それがドイツに所在するということに関心を抱くのです。国際通貨基金（IMF）がアメリカ風なのは、ワシントンに所在するからです。ヨーロッパ中央銀行（ECB）がドイツ的なのも、その本店がフランクフルトにあるからです。たとえその総裁がラテン系の国の出身であってもね。

こうして、フランスの銀行はすべて国外からの監視の下に置かれています。このたびのユーロ危機の当初から私が目の当たりにして痛感したのは、フランス政府が——といっても、実は首相のフィヨンよりも大統領のサルコジが、なのですが——どれほど明らかに、あたかもフランスの諸銀行の利益代表として上位決定機関を訪れているかのように振る舞い、フランスの銀行の利益へのある種の庇護をドイツから引き出すことに腐心しているかということでした。

私見では、来るべき新たなヨーロッパ条約の最も重要な要素は、もはや絶対に債務のデフォルトはないということにするあの条項です。金持ちたちを保護するための国際条約。「スバラシイ時代に生きてるぜ！」と、ジャン＝マルク・ライゼ〔フランスの諷刺画家、一九四一〜八三年〕なら言ったことでしょう。

——ヨーロッパの指導者たちはまたしてもマーストリヒト条約のときと同じ幻想に浸り、ヨーロッパのような大きな地域のすべての問題を、条約などの文書一本で解決できると思っているようですね。これは一体なぜなのでしょう？

このプロセスの歴史的分析は単純ではありません。ここで話題にしている寡頭支配層は最近現れてきたのであって、まだ安定してはいません。しかし、フランスとドイツの間の新しい繋がりは、フランスの上層階級に従来からあるドイツへの傾斜だけでは説明できません。フランス側からいうと、自主的隷属から純然たる隷属へ移行したのです。

このような変化はしかし、政府にとって危険です。なにしろ、この政治方針を支える社会的基盤は非常に限定されていますからね。せいぜい全体の一％でしかない最富裕層だけが基盤です。マーストリヒト条約批准の際に「諾《ウィ》」の中核を成した二〇％ないし三〇％の階層ではもはやないのです。

フランス社会党はいつも、民衆階層を見捨てているではないかと咎められていますね。ところが保守派はそんなところにとどまっていません。今や中間層からも離れようとしています。

ピケティの分析が示唆するもの

――また新たにやって来る緊縮財政とデフレに抵抗する力がフランス国民にあると思いますか？

経済協力開発機構（ＯＥＣＤ）の統計と経済学者トマ・ピケティ〔『21世紀の資本』の著者〕の研究によれば、フランスにおける不平等の推移は矛盾しているというか、独特です。一方では、二〇〇〇年代以来、フランス人のうちの一％がいちじるしく富裕化していること、そしてその内でも特に富裕な〇・一％が一層いちじるしく富を蓄積していることが確認できます。

しかし他方、一％の富裕層にすぐ続いて富裕な九％と、人口の残りの九〇％の間の格差はさほど拡大していないのです。そこが他の先進国で起こっていることと異なります。

この事実を踏まえると、フランスの寡頭支配者たちが今日なお、まるで熱に浮かされたように福祉国家を倒せと煽るのがなぜなのか、よりよく分かりますね！　フランス社会を規制する平等の原則が機能し続けているのです。

脅威であるとともに、予断を許さぬサスペンスでもあるのは次のことでしょう。

今後この〇・一％の超富裕層が権力を掌握し続けるか、それとも、国外へ出なければならなくなるか。フランスは今この危機に直面して、その元々の性質であり力であるもの、すなわち自由と平等の価値に立ち帰る寸前なのではないでしょうか。

7

富裕層に仕える国家

原　題　Emmanuel Todd : “Annulons la dette du Vieux Monde!”
L’État est au service d’une oligarchie liée aux marchés,
assure Todd, le “prophète certifié”.
聞き手　エリザベト・レヴィ Elisabeth Lévy
初　出　ル・ポワン Le Point
二〇一一年一二月一三日

「市場」とは「最富裕層」のこと

——今や国家が「市場」とせめぎ合っていると言っていいでしょうかね？

「ブリュッセル」「マーケット」「金融機関」「アメリカの格付け会社」など、人をたぶらかす概念に騙されないようにしましょう。そういった付け鼻のようなインチキな言葉は、最富裕層が世界のいたるところで政治権力を奪取している事実をカモフラージュしています。

少額預金者の預金を保護するという口実を掲げていますが、市場と呼ばれているのは単に、国家を玩具にする最富裕層のことにほかなりません。金持ちたちは国家を敵に回して戦いはしません。彼らが戦うのは、国家を従来以上によくコントロールするためです〔ジェームス・ガルブレイス著『捕食国家』〔フリー・プレス社、二〇〇八年、未邦訳〕を参照されたし〕。

ある種の人物たちが国家行政機構の上層部、アメリカの大企業、ブリュッセル、さらに今日では各国政府自体の間をどう行き来しているかを観察しさえすれば、金持ちたちがまんまと成功していることが分かります。同じひとつの階級が市場と諸国家をコントロールしている以上、市場と国家の間の対立にはもはや何の意味もありません。

「一%対九九%」の格差に奉仕する国家

——庶民がコツコツと貯蓄しているお金に対して、あなたの言い方は軽すぎますよ!

私は脅かしに譲歩することを拒否します。昔、モンゴル民族は方々の町を征服しに行くとき、人質を人間の楯のように使っていました。最富裕者たちのグループは正確に同じことをしています。彼らの人質、それはコツコツと貯金する庶民たちなのです。

——何かにつけ「金持ちのせいだ!」というのは短絡的じゃないですか?

あなたに気に入ると入らないとにかかわらず、社会の上層部への金銭の過剰な蓄積はこの時代の特徴の一つなのです。一般人の所得の低下ないし停滞は、最富裕一%と、その中でもとりわけ富裕な〇・〇一%の所得の上昇と対《つい》になっているのです。

国家とは何かということについては、その両義性を認め、マルキシズムの理に叶った部分に依拠しなければ、現在起こっていることは理解できません。

国家は、一般意志の体現者にもなれば、支配階級の表現にもなるのです。第二次世界大戦後の社会的国家、ドゴール主義の国家は、当時共産党がおこなっていた批判に反して、何よりも一般意志の実現のために行動していました。経済成長をみんなのために管理していました。

今日、国家はその主要な性格から見て、何よりもまず階級国家です。金融資本主義が改めて諸国家をコントロールするようになっています。

格差拡大は倫理ではなく経済の問題――ピケティ学派の功績

――では、もし富裕層の富裕の程度が下がれば、現在よりもよい状況になると言うのですか？　いいかえれば、これは果たして倫理の問題でしょうかね？　むしろ、経済の問題でしょうに。

私の分析にはどんな倫理的な狙いもありませんよ。一九九〇年以降、金融取引の開放とその金融フローの自由化が実際に不平等を信じられないほど増大させました。

この件について、私はトマ・ピケティの学派に敬意を表します。彼らがおこなった世界規模の比較研究が、アメリカとイギリスで「一％」の超富裕層というテーマが浮上することに決定的に寄与したようなのです。

システムがどんなに不透明に見えても、あるグループがどのようにして富の大きな部分をコントロールしているかを分析すれば、システムの実態に近づくことができます。

そうだとすれば、本質的な問題は、市場自体の問題ではありません。寡頭支配層こそが、そして寡頭支配層が国家との間に持っている関係こそが、本当の問題なのです。したがって、この寡頭支配層を特定し、その構造、その生活様式、その構成を分析する必要があるのです。

国ごとに異なる形での寡頭支配——左翼が見落としているもの

——それは特定の土地から離れたグループ、一〇年前にみんなをぎょっとさせていた表現を用いれば、「グローバル化されたエリートたち」のことですか？

それもまた現代が産み出した幻影です。過剰な怪奇です。人びとは、グローバル化した自由経済がトランスナショナルな寡頭支配を生んだと信じ込んでいますね。人類学的な意味における文化という要素を捨象してしまうから、実は幾つもの異なる寡頭支配層があり、その間の関係は仮借のない力関係によって構造化されているという事実が見えなくなるのです。

フランスの寡頭支配層の特異性は中央官庁上層部との近さにあります。そのメンバーは必ずしも資産家の子女ではないが、しばしばエリートの高等教育機関であるグランゼコールの出身者であり、一般にひどい英語を話し、その生活様態において信じ難いまでに典型的なフランス人で、そして本物の主人たち、つまりアメリカの寡頭支配者たちに騙され続けている。

スタンダード&プアーズ、ムーディーズといった大手格付け会社への服従は、アメリカの寡頭支配層への服従にほかなりません。

ドイツの寡頭支配層はというと、これは支配のシステムに新しく参入してきたわけですが、このところフランス人たちをただの臣下のように扱う習慣を身につけ始めています。

中国の寡頭支配層の特徴は共産党との緊密な絡まりにあります。世界の寡頭支配層のこうした異質性を、ほとんどの論者が見落としています。

左翼の論客たちも、ヒエラルキーの頂点に平等性があるかのような幻想を培っている。ところが、世界の社会構造の上の方も下の方も、不平等によって特徴づけられているのです。

政府債務は富裕層の集金マシーン

――もし国家が債務を負わなかったら、貧しくなることはなく、負債を返済することで誰かを富裕にするということもないでしょうに。


その考えは完全に見当外れです。なぜなら、債務を負うということの本当のメカニズムについて思い違いをしているからです。

人は政府債務というものをたいてい借りる側に目をつけて眺め、借りる側が見境もなく支出したのが悪いと判断します。諸国民は支払う義務を負っている、なぜなら掛け買いで暮らしてきたのだから、というわけです。

ところが、債務の出発点のところにいるのは、これはもう基本的に借り手ではなく、自分たちの余剰資金をどこかに預託したい貸し手たちです。

マルクスが『ルイ・ボナパルトのブリュメール一八日』で明察したように、金持ちたちは政府債務が大好きなのですよ！　借金をする国家は、法的拘束の専有のおかげで、金持ちたちが彼らのお金を最大限安全に保有し、蓄積できるようにしてやる国家なのです。

――つまり、財政赤字は各国政府のせいではない、政府は借金するように促されたのだから、というのですか？

もっとも、政府を最富裕層の手の中に導いたのは、ほかでもない政府の税制上の選択です。『不当債務』〔未邦訳〕という本の中で著者のフランソワ・シェネ〔フランスの経済学者、パリ第一三大学教授〕が的確に指摘しているとおり、フランスでは、超富裕層が彼らに課される税率の引き下げの恩恵に与り、まさにそのおかげで国家に対し、減税で国庫に入らなくなった分の資金を貸与するという現象が起こっています。

わが国では一九七三年のポンピドゥー法以来、国家が貨幣創出を自ら禁止していますが、それがフランクフルトに所在するヨーロッパ中央銀行をめぐる神話によって補強されて、イデオロギー的に恐るべきものになってしまいました。ヨーロッパ中央銀行は、フランスという国家の手の届かないところにあると考えられているのです。

かくして毎年、フランス人は付加価値税と直接税という形で二五〇〇億ユーロを持って行かれ、そのうちから五〇〇億近くが利子として、すでに過剰にお金を持っている人びとの手に渡るのです。そのうえその人びとの三分の二は外国人です。

なにしろこれはグローバルな浮かれ騒ぎで、富裕なフランス人は最優先の待遇は受けられないとしても、その代償として、諸国家と諸国民の服従をたらふく腹に詰め込むことができるのです。このような現実があるのですよ。

この現実を隠す機能を果たしているのが、底知れぬ債務だの、国の破産の可能性だの、トリプルAを失わないようにする必要性だのを振り回し、人びとを不安に陥れると同時に好んでモラルを説くタイプの言説です。現行システムの論理的でリベラルな外観の背後で、国家が、最富裕層の利益のために人びとから金を脅し取るマシーンになっています。

寡頭制（富裕層）は貴族制とは異なる

——でも税金も、デモクラシーの大事な基礎ですよね。ギリシャで見られるように、それをきちんと納めるのを嫌がる市民でも犠牲者といえるのでしょうか？

私としては、すでに言ったことを繰り返すしかありませんね。周りがギリシャ人に借金するように仕向けて、彼らの首を従来以上にうまく締めようとしたのです。テレビをご覧なさい。絶え間もなしにCMが、われわれに融資を受けろと教唆しているではありませんか。

銀行は、いや、金持ちたちは、貸すことを好むのです。そして、高利貸したちは返済のできない人の財を差し押さえるのが好きなのです。たとえば、ギリシャの国家財産を私有化したがっているのです。

――あなたはちょっと陰謀論者じゃないですか？　たとえ「周り」に仕向けられたのだとしても、本人の責任はどうなのですかね……。麻薬中毒患者が依存症状を呈しているとして、悪いのは売人だけですか？

寡頭支配の世界は権力と陰謀の世界ですよ。

ギリシャの国家が会計をごまかすのを助けたゴールドマン・サックスは高利貸しのような振る舞いをしました。今、人びとがギリシャ人を「助ける」と言っていますが、それはお金を脅し取られる立場に彼らを留め置くということです。ユーロ圏の危機を創り出したのは基本的に、借り手の呑気さではなく、貸し手の攻撃的な態度です。

——その寡頭支配者たちをあなたはひとつの社会階級のように定義するのですか？　そしてその場合、寡頭支配者たちは階級意識を持っているというのですか？

寡頭支配者たちはひとつの社会階級のように振る舞います。しかし同時に、彼らの内には非合理性や、さらには集団的な狂躁のようなものさえも感じられます。

ですから私は、マルクス主義的なイデオロギー分析に拠るべきか、精神医学に拠るべきかを自問しています。とはいえ、特権的な立場にいる社会グループは必ずしも頽廃していず、無責任でもありません。一八世紀のフランス貴族たちは租税免除に執着していましたが、それとは違ってイギリスの上層階級は高率の租税圧力を受け入れていました。その彼らが世界を征服したのです。

その例から、現在の寡頭支配者たちは千里も離れています。もしこの言葉が反ユダヤ主義のスローガンを思わせることがないのならば、金権支配という言い方をするほうが好ましいでしょう。いずれにせよ、次のことをしっかり覚えておきましょう。少数者の支配であるオリガルキー（寡頭制）は、語源的に最も優れた者の支配を意味するアリストクラシー（貴族制）とは違うのです。

需要不足を補って破綻したサブプライム・ローン

――寡頭支配者たちは他のカテゴリーの者よりも失うものをたくさん持っていますよね。非合理性ですべてを説明できますかね？

社会的なアクターの行動は合理的なものと非合理的なものの間で揺れ動きます。二〇〇八年の危機の出発点は、中国その他の国々が、低賃金のおかげで世界の生産の内のますます大きな部分を占有して、それが富裕な国の中での所得の抑制、したがって需要の不足を生み出したというところにありました。その結果、世界の生産高は増大するのに、賃金は低下していったのです。

ほかでもないこの文脈の中で、通貨における支配的なパワーであるアメリカ合衆国が抵当権付きローンの狂気じみたメカニズムを発見したのでした。アメリカの多くの世帯がより広い家を買うためだけでなく、中国製品を消費し続けるためにも借金を負っていたのです。

そして、二〇〇八年の危機の前夜、アメリカの貿易赤字は八〇〇〇億ドルに上っていました。このシステムは驚くべきものです。アメリカはその帝国的なポジションを利して、この赤字を世界規模でのケインズ的レギュレーターとしたのです。

かくして債務が、需要不足を埋め合わせる役目を果たすことになりました。

もちろんローンのメカニズムは最後には弾け、所得も輸入も崩壊します。こんな文脈の中では、G7、G8、そしてG20が準備した景気振興プランは合理的なリアクションでした。ケインズの勝利と国家のカムバックが歓迎されました。

金持ちたちのケインズ主義

——それはあなたのお気に沿うことだったでしょうね。

ところが問題がありました。金持ちたちのケインズ主義だったのです。景気刺激の財源を貨幣創出――「輪転機を回す」というやつです――で賄えば国家に負担なく済むのにそうはせず、借り入れで調達したのです。

これでは、金持ちのお金の安全を確保するばかりで、需要不足にはいささかも根本的な答えとなりません。この贋ケインズ主義は中国の成長を励まし、株価をつり上げ、ヨーロッパにおける産業の国外移転を加速しました。とどのつまり、「国家のカムバック」は金持ちたちの社会主義の確立にほかならなかったのです。

国家は富裕層を救うミッションを負う、コードネームは「銀行」、というわけです。なぜなら、フレデリック・ロルドン〔フランスの経済学者、一九六二年生まれ〕が見事に言ったように、銀行は一般市民への弁済手段をも掌握しているので、自らの富裕な株主たちのために国家を人質にしたのです。

もし銀行国有化の道を選択していたら、普通の人びとの経済を保護し、少額預金者の損害を補償し、有罪人に制裁を加えることができたでしょうに。

国家は無力ではない。しかし、寡頭支配層に仕えている。これが現代の真実なのです。

緊縮財政は「間抜け者の保護主義」

――景気浮揚策がそんなふうに債権者たる富裕層に有利なら、逆に緊縮策は貧困層に利益をもたらしますか？

確実にいえるのは、たとえばマルティーヌ・オブリ〔リール市長、社会党内左派の代表と目されている、一九五〇年生まれ〕が体現しているような反緊縮の言説が完全に時代遅れだということです。

ヨーロッパ各国の政府は、景気浮揚が中国とその他の新興国の経済ばかりを浮揚させるということを遂に理解しました。しかし依然として、国家レベルでも、セクター別でも、あるいは欧州レベルでも、保護主義の措置はどんなささやかなものでも拒否しています。

この条件の下では、緊縮は中国の成長に寄与することへの受動的拒否、すなわち私が「間抜け者の保護主義」と呼ぶ第三の道の選択であるかのようにも見えます。悲しい真実ですね、われわれは間抜け者たちに統治されているのです。操縦席にいる連中には、やること成すことの責任を取ってもらいたいものです。

もっとも、私はメランション派〔ジャン＝リュック・メランションはフランス左翼の有力政治家、一九五一年生まれ〕ではありませんよ。統治にはエリートたちが必要だと信じているのでね。問題は彼らを吊すことではなく、正気へと、分別へと導くことです。フランソワ・バロワンやヴァレリ・ペクレス〔いずれもサルコジ政権で閣僚を務めた著名政治家〕は無能を絵に描いたようなエリートだけれど、たぶん誠実に、均衡予算に戻ればわれわれのすべての問題が解決すると確信しているのでしょう。

とはいえ、各国政府が無意識にもう一つ別の選択をした可能性も否定はできません。つまり、仮に景気浮揚策を採ることができず、保護主義も考えられないとなれば、貿易赤字国にとって、予算の歳出節減が唯一、貿易黒字の大きい輸出国——大雑把にいってドイツと中国です——をある意味で屈服させ、交渉のテーブルに引っ張り出す手段でしょう。

ドイツにストップをかけるのがフランスの使命

——ドイツの社会経済モデルにフランス側が魅了されるという現象は、ドイツ嫌いの擡頭と対《つい》になっていますが……。

反ユダヤ主義と親ユダヤ主義がユダヤ人問題への病的なまでに過剰な関心の二つのバー

ジョンであるように、ドイツ嫌いとドイツ崇拝はドイツを大真面目に捉え過ぎる傾向の二つの様態であり、このことは問題を悪化させる方向へ働きます。

現在の大統領任期（五年間）の当初、ニコラ・サルコジはかなり反ドイツ的なポジションにいて、経済問題におけるドクトリンでは一定程度柔軟な態度を採っていました。しかし、フランソワ・フィヨンが首相官邸の主にとどまり、元首相のアラン・ジュッペが今年二〇一一年の二月末に外務大臣に任命されたことで、オーソドックスな保守派とその古臭い考え方の返り咲きがはっきりしました。その頃から、政府とフランスのエリート層のかなりの部分がドイツ崇拝的な言説を弄するようになりました。

その種の言説はほかでもないドイツにとっても危険です。仲良しではあるが批判的でもあるフランスというパートナーを失って、ドイツは自らの社会経済モデルの自讃に閉じ籠もりました。いま緊急を要するのは、ドイツを褒めそやしてイケイケにすることではなく、ストップすることです。

――まさかドイツのことを不浄の獣のように言う音頭をとりはしないでしょうね？　ドイツはすでに半世紀前から堅固な民主主義と一体なのですよ。

政権交代よりも好んで国民一致を実践する国を民主主義的と形容する気には、私は必ずしもなれません。しかもドイツでは、国民に規律を重んじる人類学的素質があるおかげで、こともあろうに社会民主党が給与水準抑制策をたいした抵抗にも遭わずに実施できたのです。

ドイツは申し分なくエゴイスティックな戦略で自由貿易に適応しましたよ。国内産業の工場を部分的にユーロ圏の外に移転し、フランス、イタリア、スペインに対して競争的なディスインフレ政策を実施し、それからユーロ圏をまるごと捕獲した市場のように使って、そこから巨額の貿易黒字を引き出したのです。この交易戦略は——クラウゼヴィッツの『戦争論』に倣っていえば——別の手段をもってする権威主義的・不平等主義的伝統の継続です。

一九三〇年代の対立が再来!?

——ふざけて、私たちを恐がらせようとしているのですか？

私はふざけてなどいません。だけど、恐がったほうがよいと思いますよ。民主主義的にコントロールされない官僚支配を経験したか、あるいはそうなりかねなかった国としてギリシャ、イタリア、スペイン、ポルトガルがあり、これらの国々はデモクラシーの歴史が浅いのです。

そもそもこの諸国をヨーロッパとユーロ圏に統合したのは、民主主義的な空間の中で安定させるためでしたね。ところが今日、ヨーロッパの官僚的・通貨制度的なメカニズムは、まだ土台が堅固とはいえないこれらの国のデモクラシーに安定をもたらすどころか、この諸国を過去の不安定期のうちでも最悪だった時期に似た状況の中へ加速的に追い込んでいる。

そうですとも、事態は深刻です。ファシズムのイタリア、軍事政権のギリシャ、フランコのスペイン、アントニオ・サラザールのポルトガルなどの復活に直面するリスクは充分に現実的です。

恐がらせてほしいとおっしゃるのかな？　それなら言いますが、人口学者としての私には、一九三〇年代の対立がふたたび現れてきているのが見えます。

自由主義的なデモクラシーの北西ヨーロッパでは出生率は女性一人当たりの子供の数が

一・九人ないし二・〇人の水準に接近して行っているのに対し、権威主義的で、かつてファシズムやコミュニズムに支配されたヨーロッパの地域では、出生率がきわめて低く、同じ基準での子供の数の平均が一・三人から一・五人なのです。

それにしても、もしドイツがヨーロッパ中央銀行の介入能力に関するどんな交渉にもあくまで否定的なら、われわれはどうすべきでしょうか。ユーロのために死ななくてはいけないのでしょうか？　そんなバカなことはないでしょう！

ドイツがヨーロッパ中の保守派があの国に捧げる讃嘆の声に酔いながらパートナーであるはずの国々を跪かせていくのを目の当たりにするのは悩ましいかぎりですが、強迫観念に呑み込まれてはいけないと思います。

思い出しましょう。ドイツはもともとはユーロの話など聞きたくもないというふうだったのです。ユーロが創出されてからも暫くはずっと、ユーロ圏から離脱するぞという脅かしを繰り返していたではありませんか。

今日では、ドイツの政府と経済界の上層部はすでに、ユーロの終焉があの国にとって決定的な打撃になるであろうことを理解しています。なにしろ、ドイツだけが平価切り下げに踏み切れないでしょうから。

現実には、ドイツ人たちは一般に思われているのよりも柔軟なのです。ただし彼らは、率直で遠慮会釈のない交渉でなければ理解しません。

政府債務は返済されない——紙幣を増刷するか、デフォルトを宣言するか

——ところで、なぜそんなにユーロのことにこだわるのですか？

特にユーロにこだわってはいません。私は自由貿易体制の中ではユーロは死に体だと言っているのです。ここでは将来の予言はしません。現在を描写しているのです。いずれにせよ、喫緊の問題はユーロではなく、債務危機です。明晰になろうではありませんか。主権国家の政府債務が返済されることは絶対にないのです。ドイツ国債でさえ怪しまれ始めているのですよ。われわれには二つの可能性があります。「輪転機を回す」か、債務のデフォルトを宣言するかです。

私は後者のほうがいいと思います。外科手術のようにスッキリしますからね。債務デフォルトは、民主主義的な理想によって国家を再征服する端緒となるでしょう。現状では、国家は金融寡頭支配層によって略奪され、金を脅し取られています。

政府債務のデフォルトを宣言したらどうなるか？

——そうかも知れませんが、「人質」、つまりフランス人の少額預金者やアメリカ人の年金生活者にとっては、そのデフォルトは公然横領行為そっくりですよ。

いや、われわれから横領しているのは貸し主なのです！　どうして捕食者が現在残っている国家資産をぐいぐいと呑み込んでいくのを放置しておくのですか？

人質に関していえば、フランスでは、少額預金者を保護するために銀行の国有化が不可欠です。

一方、アメリカの少額年金所得者のことで泣き真似をするのはおかしい。アメリカは何年も前から世界から資金を環流させる掛け買いで生きてきたのですよ。

それに、フランスの政府債務の三分の二を握っているのは少額年金所得者ではありません。加えて、フランスが政府債務のデフォルトをやれば、他の国々の連鎖的デフォルトにつながるでしょう。

この全般的再配分の中で、デフォルトの大部分は相殺されるでしょう。むろん、いくつかの国は損をするでしょうね。

そうして最終的には、これを私は保証してもいいと思うくらいなのですが、国にせよ、個人にせよ、この債務危機の発生に対して最も大きな責任のある者が最も厳しく罰せられますよ。

――われわれの政治指導者たちが怖じ気づくのも無理はないですね。

社会のイデオロギー的・知的難破が明白であればあるほど、その社会の上層部にいる人びとは支配者としての自分たちの言説に深く陶酔し、公共財の売却や賃金の引き下げを強く要求します。そして権力は、一種のミュンヘン講和条約的な現実否認に逃げ込みます。穏健で専門的能力ありと推定されている人びとが、愚劣なシステムを設置しただけでは満足できないらしく、そのシステムの崩壊をうまく乗り切る用意のない状態にわれわれを置くのです。

威圧されるがままになってはいけない。高いレベルの教育とテクノロジーを具えた先進社会は、いま問題にしているような種類のシステム全体が崩壊しても後の社会に充分適応できます。

われわれは非常に困難な一年を過ごすことになるに違いありません。しかし、たちまちのうちに、さまざまなエネルギーとリソースの解放によって新たな将来が見えてきます。凡庸で腐敗したエスタブリッシュメントたちの正統性失墜は、とりもなおさず、わが国の若返り、一九四〇年の時よりは痛苦の少ない一掃、ドイツ国防軍の厄介になることを抜きにした一掃となるでしょう。

8　ユーロが陥落する日

原題　Le jour où l'euro tombera
出典　メディアパルト Mediapart
二〇一一年一一月三〇日

左翼こそ保護主義を主張せよ

――保守派が保護主義に関するあなたの考え方をご都合主義的に取り込むことを心配していませんか？　ニコラ・サルコジが、国民を「保護する必要」ということを言い出しています。

そういう側面から問題を立てたことはありません。予想しているのはむしろ激烈な選挙戦〔このインタビューは、二〇一二年四月の仏大統領選の約四カ月前に行われた〕で、それを通して、左翼が改めて左翼に立ち帰ることがありそうだと思っています。実際、ある種のファンタジー（「左翼の左翼」、トロツキズム等）が消えて、これまでにあまり例のない規律が徹底し、選挙で保守派と対決する陣形が整ってきているように見えます。

向かい側には、保守派が――ニコラ・サルコジという大統領の無意味さにもかかわらず――存在しており、その支持層を構成する二つのカテゴリー、国民運動連合（ＵＭＰ）と国民戦線（ＦＮ）はこのところ、非常に近い関係になりました。両者を隔てる壁に多くの孔が空いていることは明白です。

ですから私は、イデオロギーの面で、この保守勢力に対して左翼は正面から激突するだろうと思います。経済危機、「欧州統合至上主義」的な自由貿易の正当性喪失、国の指導層への信頼の破綻などの結果、左翼は率直に左翼たらざるを得ない状況だからです。

こうして攻勢を強めるように左翼はプレッシャーを受け、真の敵を指定しなければならなくなる。真の敵、それは新たな寡頭制、新たな権力システム、階級間の新たな力関係です。

フランスの左翼は、状況それ自体の拘束力によって、社会的でもあり自由主義的でもある姿勢をとりつつイエスマンに終始するというような状態から、抜け出さざるを得なくなります。

対面にいる保守派は、今や何ひとつ具体的な提案を持たず、それゆえにナショナル・アイデンティティだの、「イスラームが……」だの、「アラブ人が……」だのといったテーマをまたも持ち出すに違いないのです。

この保守派はかつて人びとが「大金融資本」と呼んだものに緊密に結びついていて、手っ取り早く言うと「フーケッツ」〔パリのシャンゼリゼ通りの贅沢なカフェレストラン。二〇〇七年の大統領選の直後、サルコジが富裕層を象徴するこの店で勝利を祝い、一般の顰蹙を買った〕スタイルの保守なのだが、きっとポピュリズムをやってのけるでしょう。人びとの間に瀰漫している恐怖心と、有権者層の高齢化という要素に賭けるわけです。実際、現在の有権者層は、フランスでは前例がないほど高齢化していますから。

というわけで、状況全体のこの混乱の中で、ニコラ・サルコジが口達者なお抱え原稿書きであるアンリ・ゲノー〔一九五七年生まれの国民議会議員で、評論家でもある〕に頼んで、土壇場で繰り出す嘘っぱちの演説をいつものようにでっち上げ、保護主義のポーズをとることはたしかにあり得ます。ゲノーは二〇〇七年の大統領選挙の際にそれをやったし、さらに以前にはジャック・シラクのために同じことをやってのけました。前例を思い出しさえすれば、そうした詐欺は無効化できるはずです。

しかし、もしかするとあなたの言うとおりかもしれない。すでに誰かがスターティングブロックにいて、おそらく今にもデタラメを繰り出そうとしているのかも！

サルコジ的ポピュリズムはもはや支持されない

――サルコジが立ちはだかってくることは心配しないのですか？

彼は五年前から権力の座にいます。あらゆることを言明しながら、何もしないでいるわけです！　その姿が有権者には見えていますよ。カネに絡めとられている大メディアが何と宣伝しようとね。

われわれは今なお、ジャーナリズムおよびコミュニケーション界のエスタブリッシュメントが社会からかけ離れたところに集まって自己陶酔しているような、そんな段階にいます。政治という建前のもとでわれわれに聞こえてくるのは、専門家たちの内輪話の声ばかりです。

遠からず世論調査の中に、現在有権者人口の五〇％を占める民衆の票が現れてきます。民衆は、右の方でも左の方でも何がうまくいっていないかを理解しています。彼らに「保護」をもたらすという大統領の言葉が手品の類いであることをすでに知っているのです。彼らの目には、サルコジは、ぶらぶらと工場へやって来て、労働者たちを救うと宣言し、その実何もやらなかったやつなのです！

この有権者層は——ここで私は、民衆を勝手に代弁してペラペラ喋るエスタブリッシュメントのような振る舞い方だけは避けたいと思います——サルコジに実力がないことを身にしみて感じとったのです。

サルコジはフィヨン〈サルコジが大統領だった期間の首相〉を解任できませんでした。第五共和制の彼以外の大統領は、誰であれ、あんな立場に甘んじることを潔しとしなかったでしょう。サルコジはまた、自らの任期の終わり頃、ジュッペ〈保守の大物政治家で、シラク大統領時代の元首相〉を外務大臣に任命せざるを得ませんでした。その結果、従来「大統領の領分」とされてきた外政のすべてが彼の手から奪われました。

サルコジは常に強者として自らを提示してきました。しかし、彼は優柔不断です。それが彼の心理的現実なのですよ。

彼はいつもヒエラルキーの中で位置取りをします。弱者に対しては強腰、強者に対しては弱腰。列強〈アメリカ、中国、ドイツ〉には服従し、郊外の若者やロマ族〈かつてジプシーと呼ばれた民族〉に対しては強権的になる！　私は確信しているのですが、人びとはそのことを知っています。

その上、最近、イデオロギー的な断絶が起こりました。欧州レベルの保護主義を唱えたことで、ここ一〇年以上、私はある意味で世間から「放逐」されていました。多くの人が声高に述べたところによれば、欧州レベルの保護主義は極右の〈国民戦線〉を利するばかりだというのでした。

しかし、大統領選挙に先立ち、社会党内の予備選挙がついに来たれり！　アルノー・モントブール〔フランス社会党左派の有力政治家。産業振興に熱心で、反グローバリズムを主張〕は、私よりも先に事柄を理解し――というのも彼は、早くも一九九七年からいくつかの製品に関してヨーロッパで共通の課税を行おうと呼びかけていました。そのことに私が気づいたのは一九九九年だったのに――、その予備選挙の投票者集団であった中間層の人びとの間で成功を勝ち得ました。彼の言説が民衆層にどう反響するかはまだ分かっていません。

したがって、ニコラ・サルコジにとっては、時すでに遅しです。経済生活上の保護というこのテーマはもはや保守派の思うままにはなりません。今や左翼のテーマになったのです。

いや、たしかにまだ、十分にそうなったとは言えません。けれども、経済危機という事実がある以上、このテーマが左翼陣営内でますます大きな反響を得ていくことは間違いありません。

社会党内で議論された「公正な貿易」というおずおずとした概念は、すでに超えられてしまいました。銀行と政府債務という問題に関して——むろんユーロのこともありますが——パニックを避けるために国家によるコントロールが必要となっていきます。ところで、国家を梃子《てこ》にするという、まさにそこにこそ、左翼固有の下意識が存在しているのです。

二つの領域の交差点としてのフランス

——国民戦線が待ち伏せしているのではないですか？

国民戦線の支持率はたしかに高く、さらに上昇するかもしれません。ですが、ここへきてようやく、元気を取り戻した左翼によって呑み込まれる可能性が出てきています。すべては社会党が展開する選挙キャンペーンによるでしょう。われわれは岐路を前にし、歴史的な躊躇のただ中にいるのです。

したがって、希望はある。われわれの前途に待っているものがとても苛酷で、とても悩ましいものであるとしてもね。かつては、われわれが期待できるものといえばせいぜい、そこそこ文明化された保守派の議員か、保守派と同じことを続けるだけの社会党議員かでした。

われわれはもはや、そのような連続性の中にはいません。現在よりも本当に悪い状況に突っ込んで行くか、あるいは明確によりよい状況に向かうかです！

――これまでの流れからの断絶が起こると思いますか？

どう転んでも断絶は起こります。もしニコラ・サルコジが再選されたら、彼がこれまでにおこなったことから見て、フランスはもはやフランスでなくなるでしょう。あのような大統領、経済的な破局の真っただ中でスケープゴートを執拗に追い回す大統領が二期目もやれば、フランスは立ち直れなくなる。世界における彼のイメージの悪さからいって、フランス人は法外な代償を支払うことになるでしょう。今度の選挙で投票先を間違えれば歴史からしっぺ返しをくらうでしょう。

その代わり、フランスには、金融勢力を打ちのめすべく独創的なやり方で国家を用いることのできる平等の国として、改めて浮上する可能性もあります。一九二九年の大恐慌の後で起こったことを思い出しましょう。ドイツがヒトラーを、イギリスが無力な保守政治家たちを、そしてアメリカがルーズベルトを生み出したあの頃、フランスが選んだのは人民戦線でした……。

——自己破壊に向かう資本主義と、何はともあれ自律的構築に向かうヨーロッパの間に、ひとつの緊張関係を見ますか？

いや、私に見えるのは全然別のものです！　パワーの場は分析するのが困難で、われわれが知覚するのはもっぱら先進諸国に共通のもの、すなわち、不平等の拡大および支配という現象です。

アングロサクソンの世界では個人の自由が人びとの体に染みついています。しかし大陸ヨーロッパには、政治的権威と官僚化の表れが存在します。ユーロ圏、あるいはむしろその弱い部分（すなわち、ドイツを除くユーロ圏のすべて！）では、われわれはある種の混成形態に直面します。つまり、各国の責任者はベルリンの圧力の下で、政府財政の健全化のために任命されますが、それはゴールドマン・サックスのために働いた後でなのです。彼らは支配の二つの領域の交差するところにいます。ところが、フランスはまさにその交差海域をその場しのぎで航行しています。

エリートたちはおおむね保守派で、ドイツと大陸ヨーロッパの権威主義的システムに強く誘惑されるカトリック的・ヴィシー派〔第二次大戦中のフランスの対独協力政権〕的伝統を受け継いでいますが、その一方で民衆は、フランスをアングロサクソン的自由の価値に近づける気質を持っています。そこから、歴史的・人類学的観点から見て興味深い緊張関係が生まれてきています。

社会を崩壊に導くエリートたち

ヨーロッパ建設に関しては、不平等と支配の力が末期的酩酊の姿をとるに到っています。政府債務解消の狂熱的優先、貪欲な民営化、そして緊縮一辺倒！　要するに、これまでやられてきたことを、もっと、もっと、もっとやろうというわけです！　あたかもこのような言説をおこなうエリートたちは、彼らの破滅を願う神々によって目隠しをされているかのようです。われわれは歴史の悲劇性の中で難渋しているのです。

ところが、同時に注目すべきは、このようにして悲劇に戻っていく運動が、われわれの国では、年齢のピラミッドのあり方ゆえに、老いぼれの様式で進んでいるということです。だからこそヨーロッパでは、アラブ諸国で起きたことに反して、若者たちが公共空間にどっとなだれ込むという現象は見られないのです。

強大で不安定なドイツ

――ヨーロッパにおいてデモクラシーはどうなっているのでしょう?

われわれが発見するのは次のようなペテンです。ヨーロッパ的諸価値が実現するとされてきたのは、すべての国家がそれぞれのパワーの大きさにかかわらず平等に扱われる中、それらの国家間の力関係を度外視するリベラルな民主主義の空間においてでした。それはむろん、ひとつのフィクションでした。

たしかに、ルクセンブルクに必ずしも発言の機会が与えられていないことは知られていました。しかし、たとえばベルギーは、現実に発言権・影響力を持っていました。

ところが、ヨーロッパは今日、今言ったような創設神話とは似ても似つかぬものになっています。平等ですって? 今あるのは、信じがたいほどの階層序列システムじゃないですか。

一方には弱小国、そして他方には強国(絶対的強国はドイツ)。弱小国が追い詰められ、自らの民主主義的システムを奪われる一方で、社会を牛耳るべく現れてくる新しいタイプの人間はきまってブリュッセル〔ヨーロッパ委員会の所在地〕、フランクフルト、ベルリン——支配システムの三つの極——の出身で、彼らが登場するたびに、さくらの役目を引き受ける支社に成り下がったパリが拍手喝采するのです。

——では、ドイツが、またもや敵だとでも?

ナチズムが現れる前にドイツがヨーロッパにもたらしたもの、宗教改革と大衆の識字化が一番に挙げられるでしょうが、そのすべてを私は承知しています。

あの国は直系家族、これは子供のうちの一人だけを相続者にする権威主義的な家族システムなのですが、直系家族を中心とするひとつの特殊な文化に基づいています。そこに、ドイツの産業上の効率性、ヨーロッパにおける支配的なポジション、同時にメンタルな硬直性が起因しています。

ドイツは歴史上、支配的なポジションについたときに変調しました。特に第一次世界大戦前、ヴィルヘルム二世の統治下でビスマルク的理性から離れ、ヨーロッパでヘゲモニーを握ったときがそうだった。今日の状況は、ナチス勃興の頃よりも、あのヴィルヘルム時代のほうに類似しています。

あのような力への陶酔をコントロールするのは難しいことではありません。ただ、それには条件があって、フランスの政策決定者たちが正常に振る舞うことができないといけません。

ドイツは高齢化しており、八〇〇〇万人の人口の若返りがうまくいっていません。文化的にも十全ではありません。産業力もとどのつまりは中級レベルのものであって、輸出力が途轍もないとはいえ、技術の面で、たとえば日本のレベルには遠く及ばない。要するに、ドイツを理性へと導くのは難しくないのです。

しかし、フランスの指導者層がノイローゼに罹っていて、ドイツの前で跪いてしまう。フランス共和国大統領が政治的小人症ゆえにアンゲラ・メルケルに対決できないでいます。こうなると、ベルリンの政府に分を弁えさせることができないわけで、ドイツを譫妄の中に置き去りにしてしまう。そしてこの譫妄に対応して、ヨーロッパ大陸全体に、ドイツに対する信じられないほどの反感が拡がるということになるのです。

ドイツ経済がヨーロッパの民主主義を破壊する

——最近ギリシャとイタリアで国民投票が禁止されたり、政府首脳が免職されたりしましたね……。

近年追い詰められた国は主にギリシャとイタリア、そして遠からずスペインとポルトガルも同じ運命にあるわけですが、これらの国々の民主主義的伝統は比較的最近始まったのであり、脆弱です。

ヨーロッパはリベラルなデモクラシーの大陸と見なされてきましたが、今では、デモクラシーをそれが生まれたばかりの地域で破壊するマシーンになってしまいました！一見、指導的立場に立っているドイツは、フランスよりも健全なデモクラシー国家であるように見えます。ドイツでは、労働組合が労働者たちを代表する機能を今日でも果たしているし、極右や極左の勢力も他の国々に比べればさほど目立っていません。全体としてうまく回っているように見える。

アンゲラ・メルケルは世界中の人びとの目にも、ドイツ国民の目にも、デモクラシーを脅かすような不安をもたらす人物とは映っていません。その点、現在のフランス共和国大統領サルコジとは違います。

しかしながら、ヨーロッパという空間の中でドイツの経済的スーパーパワーを検討すれば、それが、半製品の生産拠点をユーロ圏外の東ヨーロッパへと移転するといった利己主義的な経済政策を手段として形成されていることが発見されます。

ドイツではここ数年、賃金が据え置かれたり、引き下げられたりしています。ドイツの社会文化には権威主義的なメカニズムがあって、国民が相対的な低賃金を甘受するので、ドイツの政府と経済界はその面を活用し、ユーロ圏の各国への輸出を政治的に優先したのです。ベルリンが最大の貿易黒字を実現しているのはユーロ圏内においてです。

ヨーロッパのパートナー国の利益に反するこのような政策はことごとく、しばしば社会民主党をも含む連立内閣によって実施されました。これは結局のところ、真の政権交代というデモクラシーの原則を揺るがせる事態です。

こうして、問題は歴史のむごい再来という形をとって現れてくる。ヨーロッパシステムにおけるデモクラシー退化の中心的なファクターは、実はドイツではないでしょうか？

——アテネからマドリードまで、各地で群衆がすでに、〈ヒトラーの第三帝国に続く〉第四帝国だ！　と叫び始めています。

うんざりだという気分が誇張表現を呼んでいるのです。

しかし、もし誰も今何が起こっているのかをあるがままに言わなければ、抑圧されている人びとは自分たちが否定されているという印象を持ってしまいます。物事が適切なレベルで指摘されていません。何しろニコラ・サルコジがあらゆるものに文句をつけるから。ヨーロッパにはもはや平等な国際関係は存在しません。

ドイツ人たちが本質的に横柄なのではありません。彼らは中央銀行による管理にいろいろと文句をつけました。たしかに平等性の弱い社会ビジョンを持つドイツにとっては、財政赤字をEUが共同で引き受けるのは越えがたい障害に見える。けれども、まだ手遅れにならないうちにあの国に譲歩させることはできたでしょう。

ユーロ全体主義

ユーロが陥落する日、指導層全体の正統性が地に墜ち、そのことが公然と確認されるでしょう。一九四〇年に比べれば、その代償は小さいですよ！　なにしろ、軍事的費用なしなのですから。

結局、私はみなさんに、フランスにとって喜ばしい物語を提示できるのですよ。ただちにではなく、ユーロの失墜から一年後に始まる物語です。一方、ドイツは事態にそう簡単には対応できないでしょう……。

――ユーロ抜きのヨーロッパを信じるのですか？

文化的な面では私はヨーロッパに強い関心があるし、情熱さえ催します。ところが、今日大陸全体に拡がる怒りのタネである単一通貨は、初めからヨーロッパなるものの否定だったのです。だから私は初めから単一通貨に反対でした。ついに容認するに到ったのは、ユーロが救われ得るのはヨーロッパが保護主義を採用する場合だけだと確信したからです。ユーロを救う必要が欧州レベルの保護主義を促すだろうと考えたのです。

自由貿易は諸国民間の穏やかな商取引であるかのように語られますが、実際にはすべての国のすべての国に対する経済戦争の布告なのです。自由貿易はあのジャングル状態、今ヨーロッパを破壊しつつある力関係を生み出します。そして、国々をそれぞれの経済状況によって格付けする階層秩序に行き着いてしまいます。

ですから現段階で、私の選択はヨーロッパ保護主義によるユーロの救出ということになります。必要なことはしたがって、フランスがこの解決策を提示してドイツと交渉する勇気を持つことです。

大陸全体で需要がふたたび伸びるような条件づくりをしなくてはいけません。ヨーロッパで諸国民が互いに飛びかかって殴り合うのを止めるためにね。そうすればヨーロッパは、かつて常にそうであったところのもの、すなわち、ふたたびひとつの切り札に立ち戻れるでしょう。今日では構造の分解につながる弱さと見られているもの、つまり人類学的な多様性が、全体として保護された状況の中で改めてパワーを生み出すことになるでしょう。

とはいえ、この金融・通貨・経済危機が進行するリズムと、緊縮財政によって予定されているとさえいえる不況を考えると、私の視野にはユーロからの予防離脱が入って来ます。

この点、経済学者ジャック・サピールの見解が正しいと思います。そんなパースペクティブの中でなら、ドイツは全体の再編成も、ヨーロッパ保護主義も、受け入れざるを得なくなるでしょうから。

しかし今日、経済問題の討議がわれわれの周辺に欠落しています。オルタナティブはない、この道しかない、と吹聴されています。あり得る解決策に対するこのような否定の態度は、我らが旧大陸のメンタルな化石化を露見させるものです。エキスパートたちが、老人コーラスさながらに声も枯れんばかりに歌っている。「そんなことは不可能だ！」とね。

このありさまは本当に、生命、現実、歴史、物事をじわりと動かす人間の能力などの否定を押しつける全体主義的言説さながらにおぞましい。われわれはかつて、ナチズムというかたちで人種への服従を経験しました。人民民主主義というかたちで自称社会主義の教義への服従を経験しました。

今は、緊縮財政プランへの服従の時代になっています。そのプランは自動的に不況を招来してしまうのに。

以上に述べたところが、かつて全体主義へと行き着いた精神病理にも匹敵する、現代の精神病理です。全体主義は、若さがまだリソースであり続けていた社会に依拠していました。高齢化の今日、われわれはそれの耄碌バージョンを産み出しているのです。ユーロ（の通貨的意味における）全体主義といえましょう！

戦争なき独裁

——いわゆる恐怖の均衡が核兵器の領域から金融の領域に移ったように見える今日、われわれはヨーロッパ内で戦争を起こさずに済ませることができるでしょうか？

戦争が起こるぞという脅かしは、システムが振り回すさまざまな武具のうちの一つです。この疲れ果てた大陸で起こりようのないものがあるとすれば、それは戦争ですよ。誰もこの地域を侵略しては来ません。危険は、生活水準の低下や教育システムの内部炸裂や公共サービスの破壊から来るのです。

以上のことを確認した上で言うのですが、権威主義的体制が敷かれることはあり得ます。とりわけフランスでは、緊張関係にある自由主義的な価値と平等主義的な価値の組み合わせが、ボナパルティズムに帰着することがあり得る。もし生活水準の低下が加速するなら、もし左翼が金融システムのコントロールの再開や、ヨーロッパの再編成のようなオルタナティブを提案する器量を持たないなら、もしその結果、保守派が権力の座に留まるなら、われわれはいうまでもなく権威主義的な体制に行き着くでしょう。

現在の共和国大統領の決定はすべてそのような体制の確立を目指しています。メディアの掌握から、警察と憲兵隊の合体に到るまで、すべてです。治安維持の組織が別々に二つあることは共和主義の偉大な伝統ですが、これがデモクラシーの保障の一つであることが分かりますね。

こういうわけですから、われわれは戦争なき独裁を経験する可能性があります。すでにそうなっているんじゃないかな……？

もし私がフランス大統領だったら……

——あなたが共和国大統領に選ばれたと仮定して、主要政策を四つ挙げてみてください。

①欧州の保護主義的再編成について、ドイツ相手にタフな対話を始める。

②主要銀行を国有化する。

③政府債務のデフォルトを準備する。

④国民教育省統括下の学校制度に新たに一〇万のポストをつくる。

——憤る者たち、すべてを失ったときには彼らだけが残るのでしょうか？〔ステファン・

エセル『怒れ!憤れ!』(村井章子訳、日経BP社、二〇一一年)を念頭に置いた問いかけであろう」

憤る者たちといっても、われわれのヨーロッパ社会ではその人数が多くありません。

許せないのはエリートの責任放棄

まず、この社会では、年齢の中央値が四〇歳強(フランスで四〇歳、ドイツで四四歳)だからです。

また、社会構造がすでに個人単位となり、いわば原子化されているため、集団行動にブレーキがかかるのです。集団的な異議申し立ての持つパワーを私は信じません。われわれに必要なのは強力な意識化であって、社会全般にわたる革命的な転覆ではありません。私はエリートたち(指導的階層)が理性に立ち返るように闘っているのであって、彼らの地位の転覆を狙っているのではないのです。

私はエリートたちに対し、何ら含むところはありません。しかし、彼らが自分たちの任務を裏切るのは我慢ならない。階級闘争が現実に存在していることは認めたほうがよい。

ただ、それは私の目には交渉によって部分的に解消可能と映っています。将来も、上層階級がなくなることはありません。上層階級が私にとって許しがたいのは、その階級の連中が発狂し、無責任になるときです。偉大なデモクラシーはすべからく、エリートの一部分が自らの任務を果たすという契約を受け入れ、ときには民衆の側につくという仕組みに基づいて成立するのです。

ところが、われわれの前には今や、猛り狂う寡頭支配者たちが現れてきており、彼らの姿は戯画的なマルキシズムがおこなう権力の定義にマッチしているのです。

私は左翼プチ・ブルジョワ風の平等意識を持っており、ある種の社会道徳に執着していますが、この程度のことですから、私は革命家ではないのです。

——あなたの燃え上がるようなレトリックに騙されてはいけないわけですね……。

そうです。私は非常に穏健な考えを非常に過激に表現するのでね。

「日本語に訳せば、日本の読者と日本の外交にもきっと役立つだろうと思い、ドイツ＝ヨーロッパとアメリカについて述べた長いインタビューを送ります。末尾で日本についても言及しています」

このメールをエマニュエル・トッド氏から編集部が受け取ったのは、二〇一四年九月のこと。本書収録の「1　ドイツがヨーロッパ大陸を牛耳る」がその翻訳である。これに加え、フランスの新聞・雑誌・インターネットサイトに掲載されたロシア、ウクライナ、ユーロなどをテーマにしたトッド氏のインタビュー記事を収録したのが本書である。

最も重要な主題はドイツだが、「日本の読者にきっと役立つ」とトッド氏自身が述べているように、「『ドイツというシステム』は驚異的なエネルギーを生み出し得るのだということを認める必要がある。歴史家として、また人類学者として、私は同じことを日本についても、（略）言うことができる」（三〇頁）などと、随所に直接、日本への言及がある。

同じ直系家族構造（長子相続と不平等な兄弟関係が特徴）のドイツと日本の比較もある。

「日本社会とドイツ社会は、元来の家族構造も似ており、経済面でも非常に類似しています。産業力が逞しく、貿易収支が黒字だということですね。差異もあります」（一五七頁）
「〔ドイツの〕輸出力が途轍もないとはいえ、技術の面で、たとえば日本のレベルには遠く及ばない」（二一三頁）
「日本の文化が他人を傷つけないようにする、遠慮するという願望に取り憑かれているのに対し、ドイツ文化はむき出しの率直さを価値付けます」（一五七頁）
「最近日本へ行き、津波で荒らされた地域を訪れた（略）。日本人の伝統的社会文化の中心を成すさまざまなグループ——共同体、会社など——の間の水平の連帯関係が、事態に対応できなくなった政治制度に代わって、地域の再建・復興を支えていたのです。ドイツに比べ、日本では権威がより分散的で、つねに垂直的であるとは限らず、より慇懃でもあります」（一六一頁）
さらに、「現在起こっている〔ウクライナでの〕衝突が日本のロシアとの接近を停止させている。ところが、エネルギー的、軍事的観点から見て、日本にとってロシアとの接近はまったく論理的なのであって、安倍首相が選択した新たな政治方針の重要な要素でもある」（七一頁）と、日本の外交についての、より踏み込んだ具体的な指摘もある。

まずは本書のこういった点が日本の読者の関心を惹くだろう。

しかし、本書の主題は何と言っても、冷戦終結後のドイツの擡頭が招きよせるヨーロッパの危機である。通常、ドイツに比せられるのは日本である。トッド氏も、同じ家族構造のドイツと日本の文化や経済システムの類似性を指摘しているのは、上に見た通りである。だが、地域の安全保障の問題として考えた場合、ドイツに比せられるのは、日本であるよりも、アジアにおける中国なのかもしれない。

たとえば、「ドイツと比較される東アジアの国といえば、なにかについて日本が対象にされ、日本人自身もなんとなく日独両国の間には共通性が多いと思いこんでいる」と指摘する歴史学者の野田宣雄氏は、次のように述べている。

「だが、実際には、冷戦の終結を境として、日独両国は決定的に異なる道を歩みはじめるようになったと考えた方がよい。（略）統一後のドイツが明らかに『中欧帝国』形成の道を歩もうとしているのにたいして、日本には、東アジアで『帝国』を形成しようとする意志もなければ、そのための地政学的あるいは歴史的な条件も乏しいからである。結論を先にいえば、ヨーロッパにおけるドイツと同様に東アジアにおいて『帝国』を志向しているのは、中国であって日本ではない。（略）もちろん、ドイツのめざす『中欧帝国』と中国が志向する『中華帝国』とでは、その内容も性格も大いに違う。しかし、重要なのは、地域の中心部における『帝国』の建設にともなって、周辺の諸国家が深刻な影響を受けるという点では、ヨーロッパも東アジアも同じだということである。（略）その意味では、現在の日本がおかれている国際的な位置は、ヨーロッパにおけるドイツのそれよりも英、仏、伊といった諸国のそれと比定すべきであろう」（『二十世紀をどう見るか』文春新書）

トッド氏によれば、ドイツの擡頭は、アメリカ帝国の衰退と連動している。

「一九四五年の勝利の遺産、アメリカによるヨーロッパの制御の鍵、それはドイツをコントロールすることだ（略）。二〇〇三年からのドイツの擡頭を確認すること、それはアメリカ帝国の崩壊の始めを確認することだった」（三一～三二頁）

こうした地政学的な変化は、ヨーロッパに限られない。アジアも同様だ。「アメリカシステムとは、ユーラシア大陸の二つの大きな産業国家、すなわち、日本とドイツをアメリカがコントロールすることだ」（六一頁）とした上で、トッド氏は次のように言う。

「こんな体たらくのアメリカ、配下の国々がそれぞれの地域でおこなう冒険的行動をもはやコントロールできず、むしろ是認しなければならない立場のこのアメリカは、それ自体として一つの問題となっている。（略）アジアでは韓国が日本に対する恨み辛みのゆえに、

アメリカの戦略的ライバルである中国と裏で共謀し始めている」（三四頁）

しかし、トッド氏は、中国の「実力」について、「中国はおそらく経済成長の瓦解と大きな危機の寸前にいます」（二一八頁）と付け加えることも忘れない。

というのも、「中国は、西洋資本主義の利益計算の道具」で、「西洋の企業からしてみれば、目にしたこともないような利潤をもたらしてくれる国」で、「西洋の資本主義にとって、中国を肯定的に言うことには利益がある」が、「共産党の指導者たちは、決して主人ではない」のであって、「彼ら自身も、自分ではコントロールできない力の支配下にある」からだ（「腐敗は『頭部』から始まっている」『中央公論』二〇一四年五月号）。

したがって、経済面で中国が単独で覇権を握ることはないとトッド氏は見る。

「もう一つのシナリオは、ロシア・中国・インドが大陸でブロックを成し、欧米・西洋ブロックに対抗するというシナリオだろう。しかし、このユーラシア大陸ブロックは、日本を加えなければ機能しないだろう。このブロックを西洋のテクノロジーのレベルに引き上げることができるのは日本だけだから」（七一頁）

では軍事力についてはどうか。

中国は「軍事的パワーという観点から見て、未ださほど大きな存在ではない」（三五頁）

とトッド氏は言う。

「二つの理由で〔日米との〕戦争は不可能です。米国の核兵器の存在と中国の軍事技術の水準の低さです。二年前に中国海軍に関する記事を読んだことがあります。中国はロシアから空母を購入し、その使い方を学んでいるとありました。それを読んで私が何を思ったか。この地域の最近の歴史を振り返ってみれば、ここには巨大な海軍力を有する二大国、すなわちアメリカと日本が存在していた、ということです。太平洋戦争とは、空母を使いこなし、空母を発明さえした二大国間の戦いだったのです。（略）もし中国軍が海洋に出て行き、勢力を拡張しようとすれば、海空戦を経験した世界でただ二つの国、日本とアメリカの同盟に向き合わなければならない、ということです。まったく馬鹿げたことです！」（「腐敗は『頭部』から始まっている」）

しかし、見逃せないのは、擡頭するドイツと中国の接近であろう。

「『ドイツ帝国』は最初のうちもっぱら経済的だったが、今日ではすでに政治的なものになっている。ドイツはもう一つの世界的な輸出大国である中国と意思を通じ合わせ始めている。果たしてワシントンの連中は憶えているだろうか。一九三〇年代のドイツが長い間、中国との同盟か日本との同盟かで迷い、ヒトラーは蔣介石に軍備を与えて彼の軍隊を育成

し始めたことがあったということを」（三七頁）
二〇一五年三月に来日したドイツ首相のメルケル氏。二〇〇五年の首相就任以来、ほとんど毎年のように中国を訪問していながら、来日は実に七年ぶりのことだった。滞在中は、「歴史認識問題」をめぐる発言が話題になったが、訪日の真の目的はどこにあったのか（ロシアへの接近を図りたい安倍政権への牽制という見方もある）、東欧諸国との「和解」をめざした戦後ドイツの「東方外交」も、実は周到な計算にもとづくものではなかったか――こういった動きを読み解く上でも、本書は、多くのことを教えてくれるだろう。
ここで示したのは、ヨーロッパの危機を主題とした本書を極東の日本で読むための「補助線」のひとつにすぎず、トッド氏の発言から何を読み取るかは、もちろん読者の自由である。
本書の刊行を快諾していただいたトッド氏と、翻訳していただいた堀茂樹氏に謝意を表したい。

編集部

エマニュエル・トッド（Emmanuel Todd）
1951年生まれ。フランスの歴史人口学者・家族人類学者。国・地域ごとの家族システムの違いや人口動態に着目する方法論により、『最後の転落』（76年）で「ソ連崩壊」を、『帝国以後』（2002年）で「米国発の金融危機」を、『文明の接近』（07年、共著）で「アラブの春」を次々に〝予言〟。『デモクラシー以後』（08年）では、「自由貿易が民主主義を滅ぼしうる」と指摘。

（訳者）
堀　茂樹（ほり しげき）
1952年生まれ。慶應義塾大学総合政策学部教授（フランス文学・思想）。翻訳家。アゴタ・クリストフの『悪童日記』をはじめ、フランス文学の名訳者として知られる。

文春新書

1024

「ドイツ帝国《ていこく》」が世界《せかい》を破滅《はめつ》させる
日本人《にほんじん》への警告《けいこく》

2015年5月20日　第1刷発行
2022年10月20日　第11刷発行

著　者　エマニュエル・トッド
訳　者　堀　茂樹
発行者　大松芳男
発行所　株式会社　文藝春秋

〒102-8008　東京都千代田区紀尾井町3-23
電話（03）3265-1211（代表）

印刷所　理想社
付物印刷　大日本印刷
製本所　大口製本

定価はカバーに表示してあります。
万一、落丁・乱丁の場合は小社製作部宛お送り下さい。
送料小社負担でお取替え致します。

ISBN978-4-16-661024-2

文春新書好評既刊

陳破空《チエンポーコン》　山田智美訳

日米中アジア開戦

もし日米中が戦争したら？　アメリカに亡命中の中国民主化運動家が、尖閣諸島、防空識別圏など最新情勢を踏まえて緊急提言する

976

別宮暖朗

第一次世界大戦はなぜ始まったのか

一九一四年の開戦から百年。「本当は誰もやりたくなかった」戦争は、なぜ行われることになったのか。ドイツの動きを軸に掘り下げる

979

広岡裕児

エコノミストには絶対分からないEU危機

「市場」と投機筋に実体経済は眼中にない。財政赤字そのものよりも、これを口実に攻撃を仕掛けられることこそ、本当の危機なのだ

907

前田洋平

チャーチルの亡霊

危機のEU

戦後覇権を目指す老獪なチャーチルは、日本人の血をひく欧州統合活動家と奇妙な協力関係に。EU成立前史を描いたノンフィクション

865

エマニュエル・トッド　ハジュン・チャン
柴山桂太　中野剛志　藤井聡　堀茂樹

グローバリズムが世界を滅ぼす

世界デフレ不況下での自由貿易と規制緩和は、解決策となるどころか、経済危機をさらに悪化させるだけであることを明らかにする！

974

文藝春秋刊